国家级职业教育规划教材
全国高等职业院校会计专业教材

成本核算与分析

王欣　主编

中国劳动社会保障出版社

简　介

本书为全国高等职业院校会计专业教材，由人力资源社会保障部教材办公室组织编写，是国家级职业教育规划教材。

本书紧扣职业教育的特点和要求，结合高等职业院校会计专业的教学实际编写，对成本会计核算岗位的各项工作进行了较为全面的介绍，主要内容包括成本会计基本概念与成本会计核算岗位，成本核算基本知识，生产费用要素、辅助生产费用、制造费用与损失性费用的归集和分配，生产费用在完工产品和在产品之间的归集和分配，产品成本计算的基本方法和辅助方法，以及成本报表与成本分析等。本书还配有电子课件，可登录技工教育网（jg. class. com. cn）下载。

本书由王欣任主编，董文军、白宏俊、徐海英任副主编，张禹、周静参加编写，赵秀云主审。

图书在版编目（CIP）数据

成本核算与分析 / 王欣主编. -- 北京：中国劳动社会保障出版社，2022
全国高等职业院校会计专业教材
ISBN 978-7-5167-5370-5

Ⅰ.①成…　Ⅱ.①王…　Ⅲ.①成本计算-高等职业教育-教材②成本分析-高等职业教育-教材　Ⅳ.①F231.2②F224.5

中国版本图书馆 CIP 数据核字（2022）第 209915 号

中国劳动社会保障出版社出版发行
（北京市惠新东街 1 号　邮政编码：100029）

*

北京市白帆印务有限公司印刷装订　　新华书店经销
787 毫米×1092 毫米　16 开本　10 印张　183 千字
2022 年 12 月第 1 版　　2022 年 12 月第 1 次印刷
定价：26.00 元

营销中心电话：400-606-6496
出版社网址：http://www.class.com.cn
http://jg.class.com.cn

前言

近年来，随着我国经济和社会发展，会计准则及相关法规发生了一定的调整和变化，社会对会计人员的知识水平和职业能力水平提出了更高的要求。为适应这些变化，培养更加符合市场需求的会计人才，我们组织了一批教学经验丰富、实践能力强的一线教师和行业、企业专家，基于会计、出纳、审计等工作岗位的要求，在充分调研的基础上，编写了这套全国高等职业院校会计专业教材。

本套教材主要有以下几个特点：

第一，理实结合，先进实用。教材本着学以致用的原则，紧贴会计专业最新的培养目标和教学实际，并参考会计、审计等相关职业资格的要求安排教材的结构和内容，将理论知识与操作技能有机融合，突出对学生实际操作能力的培养，使教材具有较强的实用性、针对性和先进性。部分教材采取了任务驱动的编写思路，按照以能力培养为主线、相关知识为支撑的模式安排教学内容，做到“理论学习有载体，技能训练有实体”。

第二，表现力丰富。本套教材设置了“案例解析”“知识窗”等栏目，增加教材的趣味性和可读性，激发学生的学习兴趣。同时，尽可能多地以图表代替冗长的文字叙述，使教材更加生动直观，易于学习。在版式设计上，本套教材采用双色排版，使教材中的单据、凭证与会计工作实务保持一致，便于开展教学。

第三，配套资源完善。本套教材同步开发了配套的电子课件及习题册，电子课件及习题册答案可登录技工教育网（jg. class. com. cn）搜索下载。部分教材针对教学重点和难点制作了演示视频等多媒体素材，学生扫描二维码即可在线观看或收听相应内容。

本套教材的编写得到了有关省市人力资源社会保障部门及一批高等职业院校的大力支持，教材的编审人员做了大量的工作，在此，我们表示衷心的感谢！同时，恳切希望广大读者对教材提出宝贵的意见和建议。

人力资源社会保障部教材办公室

目录

项目一
成本会计基本概念与成本会计核算岗位

学习目标

知识目标

1. 了解成本的概念与分类。
2. 了解成本会计核算岗位。

能力目标

通过对成本会计基本理论的学习，使学生能够运用所学的成本核算知识更好地服务于企业的生产实践。

思维导图

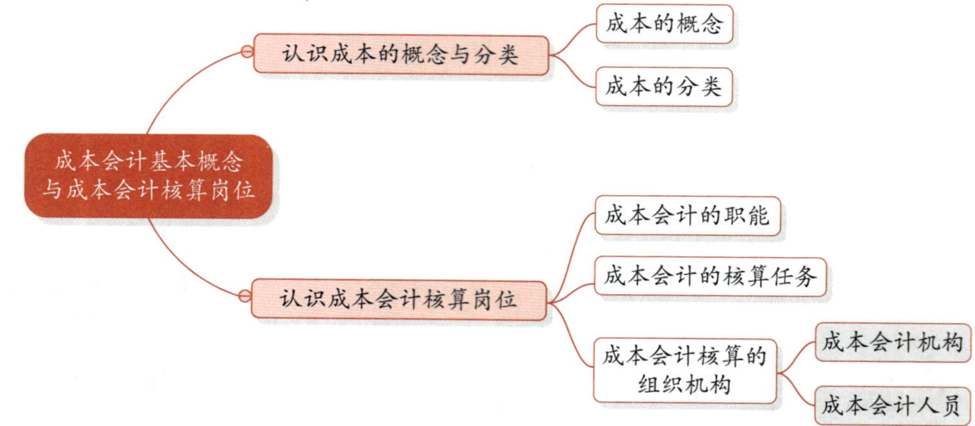
成本会计基本概念与成本会计核算岗位
认识成本的概念与分类
成本的概念
成本的分类
认识成本会计核算岗位
成本会计的职能
成本会计的核算任务
成本会计核算的组织机构
成本会计机构
成本会计人员

任务一　认识成本的概念与分类

一、成本的概念

成本是以货币表现的，企业在生产产品、提供劳务过程中所耗费的物化劳动和活劳动中必要的价值之和。概括地说，成本就是指企业为了生产产品、提供劳务而发生的各种耗费，包括直接材料、直接人工和制造费用。

二、成本的分类

1. 按照与产品的关系可分为直接成本和间接成本

直接成本是指与产品生产具有直接联系的成本，在它们发生时就能根据会计原始凭证确定应由哪一种产品承担，或者由几种产品共同承担同一原材料的成本。间接成本是指与产品生产过程没有直接联系，在它们发生时不便于直接计入产品成本的费用。比如，生产车间机器设备、厂房的折旧费用，生产车间管理人员的工资，很难在它们发生时就确定每一种产品受益多少，故为了减少这部分费用日常分配的工作量，只能先作为间接成本归集起来，待期末一次性分配后计入产品成本。此种划分便于生产费用归集分配，即直接费用直接计入，间接费用分配计入。

2. 按照与业务量的关系可分为固定成本和变动成本

固定成本是指成本的大小在一定时期和一定业务量范围内不受业务量增减变动影响的成本。变动成本是指成本的大小在一定时期和一定业务量范围内会随着业务量的变动而成比例变动的成本。将成本划分为固定成本和变动成本便于管理者做预测、决策、控制和分析。

3. 按照成本可控性可分为可控成本和不可控成本

可控成本是指某一责任单位职权范围内可计量、调节、约束的成本。不可控成本是指超出某一责任单位职权范围而无法进行约束、调节的成本。此种划分便于正确评价各责任单位的工作业绩。

在成本管理中，为了满足不同的管理需要，还可以从不同角度采用不同标准对成本进行其他分类，如按计算时间、与决策的关系等标准对成本进行分类。

任务二　认识成本会计核算岗位

一、成本会计的职能

广义的成本会计的职能包括成本预测、成本决策、成本计划、成本控制、成本核算、

成本分析、成本考核和成本检查。其中，成本核算是基础，其他各项职能都是在成本核算的基础上，随着商品经济、管理科学的发展和企业经营管理要求的提高而逐步发展形成的。而狭义的成本会计就是成本核算。

成本核算是根据企业确定的成本计算对象，采用相适应的成本计算方法，按规定的成本项目通过一系列的生产费用归集与分配，计算出各成本计算对象的实际总成本和单位成本。因此，成本核算既是对生产经营过程中的实际耗费进行如实反映的过程，也是对各种生产费用实际支出的控制过程。成本核算应做好以下基础工作：（1）建立和健全原始记录工作制度；（2）做好定额的制定和修改工作；（3）建立和健全计量验收制度；（4）建立和健全内部结算价格制度。

二、成本会计的核算任务

成本会计的核算任务是为企业的生产经营管理提供成本数据和信息，促进企业降低成本，提高经济效益。成本会计核算任务的具体内容包括以下几个方面。

1. 正确计算产品成本，及时提供成本信息

企业的成本信息主要来源于成本计算。成本计算是成本核算的具体工作，是成本会计的关键和基础。只有正确计算成本并及时提供成本信息，才能保证损益计算和存货估价的正确性，并有效考核成本计划的完成情况，为成本的预测、决策、控制等提供资料，为财务报表的编制提供数据。因此，采用适当的成本计算方法正确进行计算，是做好成本会计工作、完成成本会计任务的基本要求。

2. 加强成本预测，优化成本决策

加强成本预测、优化成本决策，是成本会计适应社会生产发展和现代化管理需要而承担的新任务。做好成本预测，要兼顾事前和事中全过程的成本预测，并按一定程序，在充分占有资料的基础上采用科学的计算方法，确保预测的准确程度。优化成本决策，应对收集的有关信息，去伪存真、去粗取精，并在客观评价、合理判断的基础上做出正确决策，确保成本的最优化。因此，将两者有机结合起来，可为企业挖掘降低成本的潜力、为提高经济效益指明方向和途径。

3. 制定目标成本，强化成本控制

目标成本是成本控制的依据，其制定得正确与否对于成本控制的有效性具有重要影响。而成本控制是目标成本的实施过程，它的把关作用可以促进目标成本更好地实现。目标成本的制定，必须以可靠的数据为依据，采用科学的方法，既能激发职工积极性，又能让职工通过主观努力达到，从而保证它的切实可行性。加强成本控制，必须对目标成本的指标进行归口分级控制，并以产品成本形成的全过程为对象，结合生产经营各阶段的不同性质和特点进行有效的控制，确保成本管理工作的改进和成本效益的提高。

4. 建立成本责任制，严格成本业绩考核

建立成本责任制，要求把成本责任制指标分解落实到生产经营的各部门、各层次，

甚至个人，使其直接承担一定的成本责任。同时，将责任权利结合起来形成激励机制，以增强企业活力。实行成本责任制，最好是先建立成本责任单位，再通过对责任成本的核算，特别是对责任单位的可控费用实际发生额的计算，对照责任成本指标确定成本差异，分析原因，提出建议，消灭不利差异，扩大有利差异，以保证成本目标的实现。成本考核是成本责任制顺利进行的保证，明确了责任就应该考核，没有考核，责任就无法确保落实，如同虚设。通过成本考核，可以分清责任，客观评价各单位工作，起到鼓励先进、鞭策后退的作用。将成本的业绩考核与成本责任制结合起来，以成本责任制作为业绩考核的依据，以业绩考核作为成本责任制的总结，按考核结果予以奖惩，使成本管理的业绩与职工的切身利益紧密结合起来，促进企业上下一致，高度重视，提高各部门主动降低成本的积极性，自觉为企业取得更大经济效益做出贡献。

三、成本会计核算的组织机构

为了充分发挥成本会计的职能作用，圆满完成成本会计的任务，企业必须科学地组织成本会计工作，建立健全成本会计工作机构，合理配备成本会计人员。不同的企业应根据企业自身规模的大小、机构的设置和生产经营业务的特点来组织成本会计核算工作。

1. 成本会计机构

成本会计机构是处理成本会计核算工作的职能部门，属于会计机构的组成部分，是企业内部直接从事成本会计核算工作的组织。设置成本会计机构时要考虑企业业务类型、经营规模、成本会计与财务会计的关系。

关于成本会计机构的设置，一般来说，大中型企业应在专设的会计部门中单独设置成本会计机构，专门从事成本会计核算工作；规模小、会计人员不多的企业，可在会计部门中指定专人负责成本会计核算工作。另外，有关职能部门和生产车间应根据工作需要设置成本会计组或配备专职或兼职的成本会计人员。

成本会计机构内部可以按成本会计的职能进行分工，分为成本预算决策组、成本计划控制组、成本核算组和成本分析考核组。也可按成本会计的对象进行组织分工，分为产品成本组、经营管理费用组和专项成本组。无论采用哪一种组织分工，都应当建立必要的工作程序，根据分工的职责范围落实岗位责任制。

企业内部各级成本会计机构之间的组织分工，有集中核算工作和非集中核算工作两种方式。集中核算工作方式是指成本管理等各方面工作，主要由厂部成本会计机构集中进行，厂级以下成本会计机构或人员只负责登记原始记录和填制原始凭证，并整理和汇总，为厂部成本会计机构的进一步核算提供资料。车间只配备专职或兼职的成本核算人员。采用集中核算工作方式，厂部成本会计机构能及时全面地掌握企业的成本信息，便于集中对成本数据进行处理，减少成本会计机构的层次和成本会计人员的数量。但是，这样不利于实行成本责任制，不便于企业内部直接从事生产经营的有关单位和职工及时掌握成本信息。非集中核算工作方式，又称分散工作方式，是指成本计划、成本控制、成本核算和成本分析等工作分散由厂部以下成本会计机构或人员分别进行，成本考核由上至下逐级进行，厂部成本会计机构只集中进行成本预测和决策、全厂成本核算的汇总工作，以及成本计划、成本分析、成本控制、成本考核的综合工作，并对下级成本会计机构进行业务上的指导和监督。非集中核算工作方式的优缺点与集中核算工作方式的优缺点相反。

一般而言，大中型企业由于规模大，组织结构复杂，会计人员数量多，为了调动各级、各部门控制成本，提高经济效益的积极性，常采用非集中核算工作方式；小型企业则一般采用集中核算工作方式。在实际工作中两种工作方式可以相互结合、灵活使用。

2. 成本会计人员

成本会计人员是指专门从事成本会计工作的专业技术人员。企业应当根据业务量的大小，在成本会计机构中配备数量适当、思想品德优秀、业务素质高的成本会计人员。

成本会计人员的职责是：认真履行职责，做好本职工作；围绕降低成本费用、提高经济效益的基本任务，提出改进经营管理的建议，参与企业经营管理决策，当好领导参谋；坚持原则，遵守和严格执行成本会计规范；加强学习，树立良好的职业道德，精通业务，不断提高素质。

企业成本会计机构的负责人是成本会计工作的领导者、组织者，应在企业总会计师和会计主管人员的领导下工作。其主要职责是：按照有关法规和制度，结合本企业实际情况，拟定企业内部成本会计制度或办法，督促成本会计人员和职工贯彻执行；总结经验，不断改进工作，使成本会计工作适应社会主义市场经济的需要；组织成本会计人员学习有关业务理论和业务技术，不断更新专业知识，定期考核成本会计人员；参与成本会计人员的任用和调配。

成本会计人员的权利包括：有权要求有关单位和职工认真执行成本计划，严格遵守有关法规和制度；有权参与制订企业生产经营计划和定额，参加各类与成本有关的会议；有权督促检查企业内部各单位执行成本计划和有关法规、制度的情况。

项目小结

本项目阐述了成本的概念与分类、成本会计核算岗位。通过本项目的学习，要求学生对成本的基本理论有一定的了解和认识，了解成本会计的职能，了解成本会计的核算任务，了解成本会计核算的组织机构。

本项目的重点是成本会计的职能，本项目的难点是成本的分类。

思考与练习

1. 成本会计的职能有哪些？
2. 成本核算的基础工作有哪些？
3. 成本会计的核算任务有哪些？
4. 成本会计人员的职责有哪些？
5. 成本会计人员的权利有哪些？

项目二
成本核算基本知识

学习目标

知识目标

1. 理解成本核算的基本要求。
2. 理解成本核算的意义和原则。
3. 掌握成本核算的一般程序。

能力目标

能够正确地设置成本核算账户。

思维导图

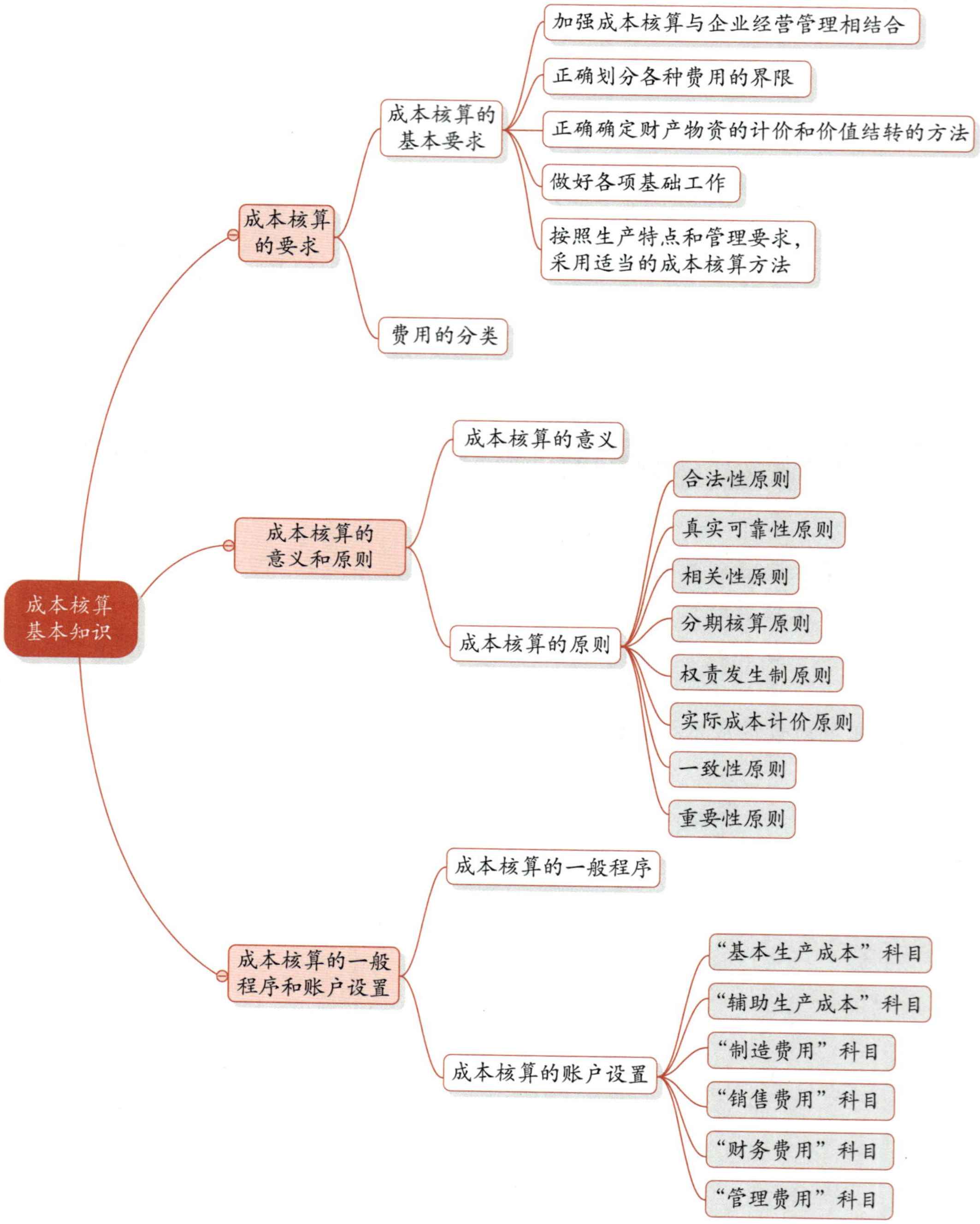

- 成本核算基本知识
  - 成本核算的要求
    - 成本核算的基本要求
      - 加强成本核算与企业经营管理相结合
      - 正确划分各种费用的界限
      - 正确确定财产物资的计价和价值结转的方法
      - 做好各项基础工作
      - 按照生产特点和管理要求，采用适当的成本核算方法
    - 费用的分类
  - 成本核算的意义和原则
    - 成本核算的意义
    - 成本核算的原则
      - 合法性原则
      - 真实可靠性原则
      - 相关性原则
      - 分期核算原则
      - 权责发生制原则
      - 实际成本计价原则
      - 一致性原则
      - 重要性原则
  - 成本核算的一般程序和账户设置
    - 成本核算的一般程序
    - 成本核算的账户设置
      - “基本生产成本”科目
      - “辅助生产成本”科目
      - “制造费用”科目
      - “销售费用”科目
      - “财务费用”科目
      - “管理费用”科目

任务一　成本核算的要求

一、成本核算的基本要求

成本核算是按照国家有关法律、法规、财务制度和企业经营管理的要求，对生产经营过程中实际发生的各种劳动耗费进行的计算，并进行相应的账务处理，提供真实、准确的财务信息。

企业在生产经营过程中会发生各种各样的费用支出，为了保证产品成本的正确性和合理性，必须对发生的费用进行准确的核算和管理，正确划分各种费用支出的界限，并根据企业生产经营的特点和企业管理水平，选择适当的成本计算方法。

成本核算不仅是成本会计的基本任务，同时也是企业经营管理的重要组成部分。因此，在成本核算工作中应贯彻执行以下各项要求：

1. 加强成本核算与企业经营管理相结合

成本核算应当与企业经营管理相结合，所提供的成本信息应当满足企业经营管理和决策的需要。为此，成本核算不仅要对各项费用支出进行事后的核算，提供事后的成本信息，而且必须以国家有关法律、法规、财务制度和企业成本计划以及相应的消耗定额为依据，加强对各项费用支出的事前、事中的审核和控制，并及时进行信息反馈。

2. 正确划分各种费用的界限

为了正确地进行成本核算，正确地计算产品成本和期间费用，必须正确划分以下几个方面的费用界限。

（1）正确区分收益性支出和资本性支出的界限

企业在生产经营过程中，会发生各种费用支出，但这些支出的用途却不尽相同。因此，有必要对这些支出进行分类，以提高企业成本核算水平。根据会计准则的要求，将生产经营过程中发生的支出分为收益性支出和资本性支出。收益性支出是指直接服务于当期的生产经营活动、只为当期收益的实现而发生的支出，如销售费用、日常管理费用的支出等。资本性支出是指那些与本期和以后若干会计期间的经营活动及收益相关的支出，如无形资产的取得支出、固定资产的购建支出等。正确区分收益性支出和资本性支出，要求企业在进行会计处理时，将收益性支出确认为费用，直接列入当期的利润表，而对于资本性支出则应列入资产负债表。

正确区分收益性支出和资本性支出，其目的是正确计量资产的价值和准确计算各项成本、费用及利润，使企业财务报表能够更加客观地反映企业的财务状况和经营成果。

（2）正确区分产品成本和期间费用的界限

成本是在生产产品或提供劳务的过程中发生的、并由产品或劳务承担的耗费。期间费用是指企业当期发生的必须从当期收入中得到补偿的经济利益的总流出。期间费用不应由产品或劳务承担，因而不计入成本，而是直接计入当期损益。产品成本要在产品完工并实现销售收入时才转化为费用，计入当期损益。

（3）正确区分各个会计期间的产品成本的界限

已经确认为计入产品成本的那部分支出，有的应计入当期产品成本，有的则要计入以后各期的产品成本。根据权责发生制的要求，为了正确分析与考核产品成本，正确计量各个会计期间的损益，企业必须将这些支出在当期和以后各期之间进行合理分配。某项耗费是否应计入本期产品成本，不取决于其金额的大小，而是取决于本月产品是否受益。如果某项耗费能使本月产品受益，就应该将其计入本月产品成本；如果某项耗费使本月和以后若干月份都受益，则应在相关月份内采用适当的方法进行分配计量。

同时，企业还应按照权责发生制的要求，正确核算待摊费用和预提费用。在应计入产品成本的那部分支出中，对于那些应由本期承担但尚未支付的支出，应计入本期产品成本；对于本期已支付，但应由本期及以后若干期共同承担的支出，则应采用分期摊销的办法，分期计入产品成本。

（4）正确区分不同产品的成本界限

如果企业生产的产品不止一种，在企业当期已经发生的产品成本中，还应将其在不同产品中进行分配计量。根据受益原则，哪一种产品受益，就应由那种产品承担，而由多种产品共同受益的耗费，则应采用合理的方法，将共同承担的支出分配计入各种产品成本中去。

（5）正确区分完工产品和在产品的成本界限

通过以上成本界限的划分，确定了各种产品在本期应承担的生产成本。由于各种产品在企业生产过程中会以完工产品或在产品的形式存在，所以在期末，如果某种产品都已完工，则本期应由该产品承担的生产成本全部计入该完工产品；如果某种产品都未完工，则本期应由该产品承担的生产成本就应全部计入该在产品；如果某种产品部分完工，则本期应由该产品承担的生产成本应采取适当的方法在完工产品和在产品之间进行分配，分别计算出完工产品和在产品各自应承担的成本。上期尚未完工的产品，本期继续加工生产的，其上期末分配承担的成本即成为本期期初在产品成本。期初在产品成本、本期产品成本、期末完工产品成本和期末在产品成本之间的关系如下：

期初在产品成本+本期产品成本=期末完工产品成本+期末在产品成本

以上五个方面的成本界限的划分，都应按照受益原则进行分配。承担费用的多少应与受益的大小相匹配。

3. 正确确定财产物资的计价和价值结转的方法

企业生产过程中使用的财产物资，其价值会随着生产经营过程中的使用而转移至成本费用中去。企业采用的会计政策决定了这种价值转移的大小。例如，存货的计价方法和固定资产的折旧方法的不同会影响企业成本核算的结果。因此，财产物资的计价和价值结转方法是影响成本计算准确性的一个重要因素。为了保证成本核算的合理性、准确性和可比性，企业应选择适合自己的财产物资计价和价值结转方法。这些方法一旦选定，就应该各期保持一致，不得随意变更、人为地调节成本费用和利润。

4. 做好各项基础工作

为了正确核算产品成本，加强成本管理，必须做好如下基础工作：

（1）做好定额的制定和修订工作。

（2）建立健全材料物资的计量、收发、盘点制度。

（3）建立健全原始记录工作。

（4）做好企业内部计划价格的制定和修订工作。

5. 按照生产特点和管理要求，采用适当的成本核算方法

在进行成本核算时，应结合企业的实际情况，选择适合本企业特点的成本计算方法。在选择成本计算方法时，应同时考虑企业生产类型的特点和企业管理要求。在同一企业内部，可以采用一种成本计算方法，也可以采用多种成本计算方法，即多种成本计算方法同时使用或结合使用。

二、费用的分类

为了科学地进行成本管理，正确地计算产品成本和期间费用，需要对种类繁多的费用进行合理分类。费用可以按不同的标准分类，其中最基本的是按费用的经济内容和经济用途进行分类。

1. 按经济内容分类

企业在生产经营过程中发生的费用，按其内容分类，可分为劳动对象方面的费用、劳动手段方面的费用和活劳动方面的费用三类。为了具体反映各种费用的构成，还应在此基础上进一步划分为以下几种费用要素（这种将费用按经济内容的分类即费用要素）。

外购材料，指企业为生产经营而耗用的一切从企业外部购入的原料及主要材料、半成品、辅助材料、包装物、修理用备件和低值易耗品等。

外购燃料，指企业为进行生产经营而耗用的从企业外部购进的各种燃料。

外购动力，指企业为进行生产经营而耗用的从企业外部购进的各种动力。

职工薪酬，指企业为进行生产经营而发生的各种职工薪酬。

折旧费，指企业按照规定的固定资产折旧方法，对企业拥有或控制的固定资产所计算提取的折旧费用。

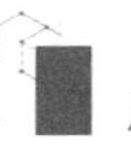

修理费用，指企业发生的或按照规定预提或摊销的修理费用。

利息支出，指企业应计入财务费用的借入款项的利息支出减去利息收入后的净额。

其他支出，指不属于以上各要素但应计入产品成本或期间费用的支出，如差旅费、保险费等。

2. 按经济用途分类

企业在生产经营过程中发生的费用，可分为计入产品成本的生产费用和直接计入当期损益的期间费用两类。

（1）生产费用按经济用途分类

计入产品成本的生产费用在产品生产过程中的用途不尽相同。有的直接用于产品生产，有的则用于企业生产单位的组织管理活动等其他方面。因此，为具体反映计入产品成本的生产费用的各种用途，提供产品成本构成情况的资料，还应将其进一步划分为若干项目，即产品生产成本项目，简称产品成本项目或成本项目。一般应设置以下几个成本项目：

直接材料，指直接用于产品生产、构成产品实体的原料、主要材料以及有助于产品形成的辅助材料费用。

直接燃料和动力，指直接用于产品生产的各种自制和外购的燃料和动力费用。

直接人工，指直接参加产品生产的工人的薪酬费用。

制造费用，指间接用于产品生产的各项费用。

（2）期间费用按经济用途分类

企业的期间费用按经济用途分类可分为销售费用、管理费用和财务费用。

销售费用指企业在销售产品和提供劳务等日常经营过程中发生的各项费用以及专设销售机构的各项经费，包括运输费、装卸费、包装费、保险费、广告费、展览费、租赁费（不包括融资租赁费），以及为销售本公司商品而专设销售机构的职工薪酬、办公费、差旅费、折旧费、修理费、物料消耗、低值易耗品的摊销等。

管理费用指企业组织和管理企业生产经营所发生的各项费用，包括企业董事会和行政管理部门在企业经营管理中发生的，或者应当由企业统一负担的公司经费、工会经费、待业保险费、劳动保险费、董事会费、聘请中介机构费、咨询费、诉讼费、业务招待费、办公费、差旅费、邮电费、绿化费、管理人员的薪酬等。

财务费用指企业为筹集生产经营所需资金而发生的各项费用，包括利息净支出（利息支出减利息收入后的差额）、汇兑净损失（汇兑损失减汇兑收益后的差额）以及相关的手续费等。

任务二 成本核算的意义和原则

一、成本核算的意义

成本核算是成本管理工作的重要组成部分，它是将企业在生产经营过程中发生的各种耗费按照一定的对象进行分配和归集，以计算总成本和单位成本。成本核算的正确与否，直接影响企业的成本预测、计划、分析、考核和改进等控制工作，同时也对企业的成本决策和经营决策产生重大影响。成本核算过程，是对企业生产经营过程中各种耗费如实反映的过程，也是为更好地实施成本管理、进行成本信息反馈的过程，因此，成本核算对企业成本计划的实施、成本水平的控制和目标成本的实现起着至关重要的作用。

二、成本核算的原则

1. 合法性原则

合法性原则是指计入成本的费用都必须符合法律、法规、制度等的规定。不合规定的费用不能计入成本。

2. 真实可靠性原则

真实性就是所提供的成本信息与客观的经济事项相一致，不应掺假，或人为地提高、降低成本。可靠性指成本核算资料按一定的原则由不同的会计人员加以核算，都能得到相同的结果。

3. 相关性原则

相关性原则包括成本信息的有用性和及时性。有用性是指成本核算要为管理部门提供有用的信息，为成本管理、预测、决策服务。及时性是强调信息取得的时间性。只有及时地信息反馈，才能及时地采取措施，改进工作。

4. 分期核算原则

企业为了取得一定期间所生产产品的成本，必须将生产活动按一定阶段划分为各个时期（如月、季、年），分别计算各期产品的成本。成本核算的分期，必须与会计年度的月、季、年相一致，这样便于利润的计算。

5. 权责发生制原则

权责发生制原则是指应由本期成本负担的费用，不论是否已经支付，都要计入本期成本；不应由本期成本负担的费用（即已计入以前各期的成本，或应由以后各期成本负担的费用），虽然在本期支付，也不应计入本期成本，以便正确提供各项成本信息。

6. 实际成本计价原则

实际成本计价原则是指生产所耗用的原材料、燃料、动力要按实际耗用数量的实际单位成本计算，完工产品成本的计算要按实际发生的成本计算。实际工作中，原材料、

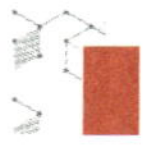

燃料、产成品的账户可按计划成本（或定额成本）加、减成本差异，以调整实际成本。

7. 一致性原则

一致性原则是指成本核算所采用的方法，前后各期必须一致，使各期的成本资料有统一的口径，前后连贯，互相可比。

8. 重要性原则

重要性原则是指对于成本有重大影响的项目应作为重点，力求精确，而对于那些不太重要的琐碎项目，则可以从简处理。

任务三 成本核算的一般程序和账户设置

一、成本核算的一般程序

成本核算的一般程序是指对企业生产经营过程中发生的各项费用，按照成本核算要求，进行分类和归集，最后计算出各产品的成本和各项期间费用的基本程序。

成本核算过程实际上就是费用的归集和分配过程。这一过程的基本程序有：

1. 生产费用支出的审核

对发生的各项生产费用支出，应根据国家、上级主管部门和本企业的有关制度、规定进行严格审核，对不符合制度和规定的费用等加以制止或追究经济责任。

2. 确定成本计算对象和成本项目，开设产品成本明细账

企业的生产类型不同，对成本管理的要求不同，成本计算对象和成本项目也就有所不同。因此应根据企业生产类型的特点和成本管理的要求，确定成本计算对象和成本项目，并根据确定的成本计算对象和成本项目开设产品成本明细账。

3. 进行要素费用的分配

对发生的各项要素费用进行汇总，编制各种要素费用分配表，按其用途分配计入有关的生产成本明细账。对能确认某一成本计算对象的耗用直接计入费用，如直接材料、直接工资，应直接记入“基本生产成本”账户及其有关的产品成本明细账；对于不能确认的某一费用，则应按其发生或用途进行归集分配，分别计入“辅助生产成本”“制造费用”等有关科目。

4. 进行综合费用的分配

对计入“辅助生产成本”“制造费用”等科目的综合费用，月末采用一定的分配方法进行分配，并计入“基本生产成本”以及有关的产品成本明细账。

5. 进行完工产品成本与在产品成本的划分

通过要素费用和综合费用的分配，将所发生的各项生产费用的分配归集为“基本生产成本”账户的生产费用即为完工产品总成本。在有在产品的情况下，产品成本明细账

所归集的生产费用按一定的划分方法在完工产品和月末在产品之间进行划分，从而计算出完工产品和月末在产品成本。

6. 计算产品的总成本和单位成本

在品种法、分批法下产品成本明细账中计算出的完工产品成本即为产品的总成本；分步法下则需根据各生产步骤成本明细账采用逐步结转或平行结转，才能计算出产品的总成本。再根据产品的数量，就可以计算出产品的单位成本。

二、成本核算的账户设置

成本核算的主要会计科目包括“基本生产成本”科目、“辅助生产成本”科目、“制造费用”科目、“销售费用”科目、“财务费用”科目、“管理费用”科目等。

1. “基本生产成本”科目

“基本生产成本”科目，用于核算企业进行工业性生产发生的各项生产成本，包括生产各种产成品、自制半成品、自制材料、自制工具、自制设备等。

2. “辅助生产成本”科目

“辅助生产成本”科目，借方归集辅助生产车间发生的直接材料、直接人工和分配的制造费用等，贷方登记分配转出的辅助生产成本，最终分配给基本生产车间、管理部门、销售部门等负担。其成本发生和归集的会计分录编制如下：

发生辅助生产成本：

借：辅助生产成本

　　贷：原材料等

将辅助生产成本转出：

借：制造费用——一车间

　　　　　　——二车间

　　管理费用等

　　贷：辅助生产成本

3. “制造费用”科目

“制造费用”科目，用于核算企业各生产车间（部门）为生产产品和提供劳务而发生的各项间接费用等。其成本发生和归集的会计分录编制如下：

发生制造费用：

借：制造费用

　　贷：累计折旧

将制造费用转入基本生产成本：

借：基本生产成本

　　贷：制造费用

将制造费用转出：

借：基本生产成本—A 产品

—B 产品

贷：制造费用——车间

4. “销售费用”科目

“销售费用”科目，用于核算企业在销售商品、材料或提供劳务的过程中发生的各种费用，包括保险费、包装费、展览费和广告费、商品维修费、预计产品质量保证损失、运输费、装卸费等，以及为销售本企业商品而专设的销售机构（含销售网点、售后服务网点等）的职工薪酬、业务费、折旧费等。

5. “财务费用”科目

“财务费用”科目，用于核算企业为筹集生产经营所需资金等而发生的费用，包括利息净支出（利息支出减利息收入后的差额）、汇兑净损失（汇兑损失减汇兑收益后的差额）、金融机构手续费以及筹集生产经营资金发生的其他费用等。

6. “管理费用”科目

“管理费用”科目，用于核算管理费用的发生和结转情况。该科目借方登记企业发生的各项管理费用，贷方登记期末转入“本年利润”科目的管理费用，结转后该科目应无余额。

项目小结

本项目主要阐述了成本核算的要求和一般程序。通过本项目的学习，要求学生理解成本核算的要求、意义以及原则，掌握成本核算的一般程序和账户设置。

本项目的重点是掌握成本核算的一般程序及其账户设置。

思考与练习

1. 简述费用的分类。
2. 简述成本核算的基本要求。
3. 简述成本核算的意义。
4. 简述成本核算的原则。
5. 简述成本核算的一般程序。

项目三

生产费用要素的归集和分配

学习目标

知识目标

1. 理解生产费用要素的分类。

2. 理解生产费用要素分配的一般方法。

能力目标

1. 能够对材料费用进行准确的分配，会编制材料费用分配表。

2. 能够对外购动力费用进行准确的分配，会编制外购动力费用分配表。

3. 能够准确计算工资费用并进行分配，会编制工资费用分配表。

4. 能够对固定资产折旧费用及其他费用进行归集和分配，会编制固定资产折旧费用分配表。

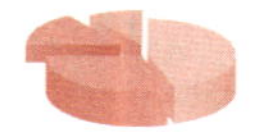

思维导图

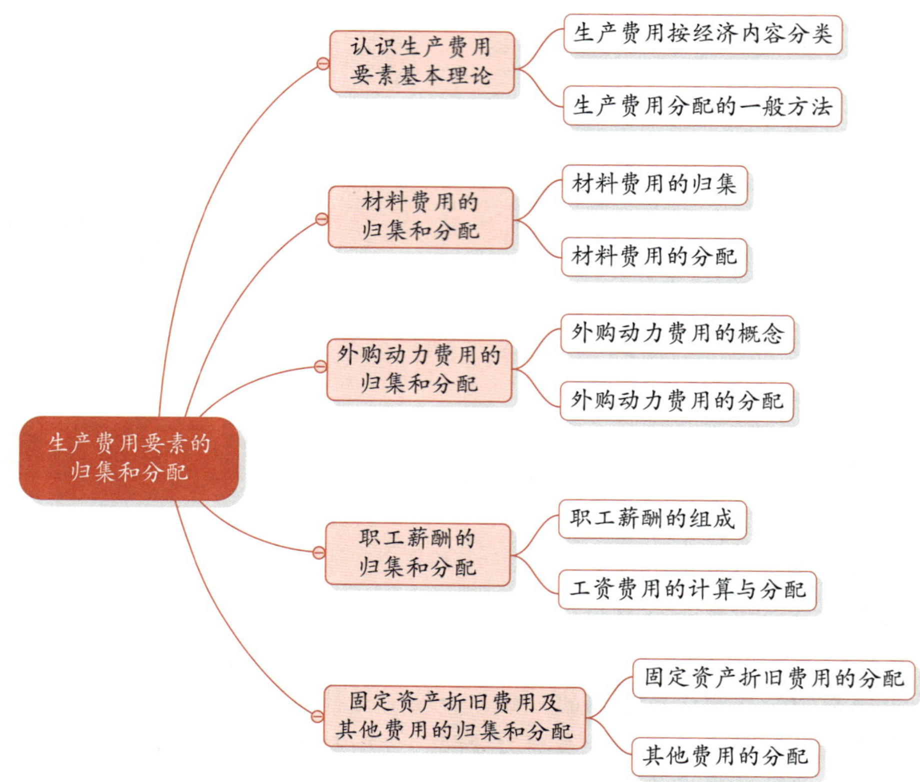
生产费用要素的归集和分配
认识生产费用要素基本理论
生产费用按经济内容分类
生产费用分配的一般方法
材料费用的归集和分配
材料费用的归集
材料费用的分配
外购动力费用的归集和分配
外购动力费用的概念
外购动力费用的分配
职工薪酬的归集和分配
职工薪酬的组成
工资费用的计算与分配
固定资产折旧费用及其他费用的归集和分配
固定资产折旧费用的分配
其他费用的分配

任务一　认识生产费用要素基本理论

费用是指一定时期内企业在生产经营过程中所发生的各种耗费的货币表现。在这一过程中，发生于生产中的各种耗费称为生产费用。生产费用不外乎是劳动对象、劳动手段和活劳动中必要劳动消耗等三方面的费用。这种费用按经济内容（或性质）不同所作的分类，在会计上称为生产费用要素。

一、生产费用按经济内容分类

1. 外购材料

外购材料是指企业耗用的一切从外部购进的原料及主要材料、半成品、辅助材料、包装物、修理用备件和低值易耗品等。

2. 外购燃料

外购燃料是指企业耗用的一切从外部购进的各种燃料，包括固体、液体和气体燃料。

3. 外购动力

外购动力是指企业耗用的从外部购进的各种动力。

4. 工资费用

工资费用是指企业应计入生产费用的职工工资及福利费等。

5. 折旧费

折旧费是指企业按照一定的方法计算的固定资产折旧费。

6. 其他支出

其他支出是指不属于以上各项费用要素的支出，如差旅费、租赁费、设计制图费、试验检验费等。

二、生产费用分配的一般方法

1. 直接费用直接计入

凡是为某受益对象所消耗并能确认其负担数额的直接费用，均应直接计入该受益对象的成本、费用中。

2. 间接费用分配计入

凡是为几个受益对象共同消耗或者无法确定为哪个受益对象所消耗的间接费用，则需选择适当的分配方法，分配计入各受益对象的成本、费用中。

3. 间接费用的分配方法

分配所依据的标准与所分配的费用多少有比较密切的联系，而且分配标准的资料比较容易取得，计算比较简便，因此分配结果比较合理。

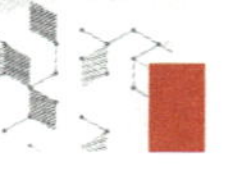

任务二 材料费用的归集和分配

一、材料费用的归集

本期耗用的材料费用的归集，应根据领料单、限额领料单和领料登记表等发料凭证进行处理。会计部门应该对发料凭证所列材料的种类、数量和用途进行审核，只有经过审核无误的发料凭证才能据以发料，并作为材料发出、归集本期原材料耗用的原始凭证。为加强对材料费用的控制和核算，对于生产产品所用并有消耗定额的原材料，应实行限额领料制度，采用限额领料单。限额以内的材料根据限额领料单领用，超过限额的材料领用，应另填领料单，说明理由后经主管人员批准后才能领料。

企业材料收发结存的核算，可按照材料的实际成本计价，也可在“原材料”账户中按计划成本核算。月末把本期耗用的原材料计划成本通过发出成本差异调整为实际成本。

1. 按实际成本计价进行材料费用归集

在企业按实际成本计价进行材料日常核算的情况下，收料凭证按收入材料的实际成本计价，并按实际成本记入相应的该材料明细账。材料明细账中发出材料的金额，采用先进先出法、后进先出法、个别计价法、加权平均法或移动加权平均法等方法计算登记，并按实际单位成本对发料凭证进行计价。发出材料的具体计算方法详见《财务会计》，本书不再赘述。

企业应定期汇总收料凭证和发料凭证，编制按实际成本反映的收料和发料凭证汇总表，据此登记有关总分类账户。

2. 按计划成本计价进行材料费用的归集

在企业按计划成本计价进行材料日常核算的情况下，材料收发凭证均按该种材料的计划单位成本计价。材料明细账平时可只登记收发结存数量。月末，根据本月收入、发出和结存数量乘以该材料计划单价，即可求出本月收发该种材料的计划成本金额。

在这种核算方式下，为了核算材料的实际成本与计划成本的差异，以便把发出材料的计划成本调整为实际成本，还应设置“材料成本差异”账户。本期收入材料的节约差异，转入该账户的贷方；本期收入材料的超支差异，转入该账户的借方。“材料成本差异”账户的借方余额，为结存材料的成本超支额；贷方余额，为结存材料的成本节约额。“原材料”等材料账户按计划成本反映的余额，加上“材料成本差异”账户的借方余额或减去其贷方余额，即为结存材料的实际成本。为了调整发出材料的成本差异，计算发出材料的实际成本，企业在月末汇总发出耗用材料的计划成本的同时，还应根据计算确定的材料成本差异率计算发出材料应负担的成本差异。

二、材料费用的分配

1. 材料费用的分配原则

（1）构成产品实体并能直接确定归属对象的材料费，应直接计入各产品成本明细账的“直接材料”成本项目。

（2）对于几种产品共同耗费的间接材料费，应选择适当的分配标准分配计入各产品成本明细账的“直接材料”成本项目。

（3）对生产车间和行政管理部门一般耗用的材料，应分别记入“制造费用”和“管理费用”。

（4）在材料费用的分配中，对于直接用于生产各种产品的材料，如果数量较少，金额较小，根据重要性原则，可以采用简化的分配方法，即全部记入“制造费用”账户中，以省去一些复杂的计算分配工作。

由于原料和主要材料的耗用量一般与产品的重量、体积有关，因而原料和主要材料费用一般可以按产品的重量或体积比例分配。例如，各种木器所用的主要材料木材，可以按木器净用木材的体积比例分配。在材料消耗定额比较准确的情况下，原料和主要材料费用也可以按照产品的材料定额消耗量的比例或材料定额费用的比例分配。

2. 材料费用的分配方法

（1）定额消耗量比例分配法

定额消耗量比例分配法就是以定额消耗量作为材料费用的分配标准，在各项材料消耗定额健全且比较准确的情况下采用。其计算公式如下：

某产品材料定额消耗量=该产品实际产量×该产品单位产品材料定额消耗量

材料定额消耗量分配率=材料实际总消耗量÷各种产品定额消耗量之和

某产品应分配的实际材料数量=该产品材料定额消耗量×材料定额消耗量分配率

某产品应分配的材料费用=该产品应分配的实际材料数量×材料单价

案例解析

［例 3-1］宏达工厂生产 A、B 两种产品，分别为 100 件、50 件，共同耗用原材料 1 000 千克，每千克实际成本为 5 元，共计 5 000 元。A 产品该材料单位消耗定额为每件 4 千克，B 产品为每件 2 千克。请按照定额消耗量比例分配法的基本原理，进行材料费用分配。

任务分析：

（1）本题中 A、B 两种产品共同耗用原材料，应选择适当的分配标准分配计入各产品成本明细账的“直接材料”成本项目。A 产品该材料单位消耗定额为每件 4 千克，B 产品为每件 2 千克。可以选择定额消耗量比例分配法进行分配。

（2）按原材料定额消耗量比例分配原材料费用。其计算分配的程序是：第一，计算各种产品原材料定额消耗量；第二，计算单位原材料定额消耗量应分配的原材料实际消耗量（即原材料消耗量分配率）；第三，计算出各种产品应分配的原材料实际消耗量；第四，计算出各种产品应分配的原材料实际费用。

任务实施：

本例原材料费用分配计算如下：

A 产品原材料定额消耗量＝100×4＝400（千克）

B 产品原材料定额消耗量＝50×2＝100（千克）

材料费用分配率＝1 000÷(400+100)＝2

A 产品应分配的原材料实际消耗量＝400×2＝800（千克）

B 产品应分配的原材料实际消耗量＝100×2＝200（千克）

A 产品应分配的原材料费用＝800×5＝4 000（元）

B 产品应分配的原材料费用＝200×5＝1 000（元）

（2）定额费用比例分配法

定额费用比例分配法是指原材料费用按照产品材料定额费用的比例分配原材料费用。其计算公式如下：

某产品材料定额费用＝该产品实际产量×该产品单位产品材料费用定额

材料定额费用分配率＝各种材料实际费用总额÷各种产品定额费用之和

某产品应分配的实际材料费用＝该产品材料定额费用之和×材料费用分配率

案例解析

［例 3-2］沿用例 3-1 资料，按照定额费用比例分配法的基本原理，分别计算 A、B 两种产品应分配的原材料费用。

任务分析：

（1）本题中 A、B 两种产品共同耗用原材料，应选择适当的分配标准分配计入各产品成本明细账的“直接材料”成本项目。A 产品该材料单位消耗定额为每件 4 千克，

B 产品为每件 2 千克，共同耗用原材料 1 000 千克，每千克实际成本为 5 元，我们还可以选用定额费用比例分配法进行分配。

（2）按原材料定额费用比例分配法分配原材料费用。其计算分配的程序是：第一，计算各种产品原材料定额费用；第二，计算单位原材料定额费用应分配的原材料实际费用（即材料定额费用分配率）；第三，计算出各种产品应分配的原材料实际费用。

任务实施：

本例原材料费用分配计算如下：

A 产品原材料定额成本＝100×4×5＝2 000（元）

B 产品原材料定额成本＝50×2×5＝500（元）

材料定额费用分配率＝1 000×5÷(2 000+500)＝2

A 产品应分配的原材料费用＝2 000×2＝4 000（元）

B 产品应分配的原材料费用＝500×2＝1 000（元）

3. 材料费用分配的账务处理

材料的分配一般是通过材料分配表进行，这种分配表应根据领退料凭证和有关资料编制，其中，退料凭证的数额可以从相应的领料凭证的数额中扣除。

（1）用于基本车间产品生产的记入“生产成本—基本生产成本”账户（具体账户负担）。

（2）用于辅助生产的记入“生产成本—辅助生产成本”账户（辅助产品或劳务负担的）。

（3）用于维护设备一般耗用的先归集到“制造费用”账户，再分配到“生产成本—基本生产成本”账户或“生产成本—辅助生产成本”账户。

（4）用于行政部门的记入“管理费用”账户，用于销售部门的记入“销售费用”账户。

（5）用于购置和建造固定资产、其他资产方面的材料费用，则不得列入产品成本，也不得列入期间费用。

案例解析

［例 3-3］某工厂 2022 年生产了甲、乙两种产品，编制的材料费用分配表见

表 3-1。请编制会计分录。

表 3-1　材料费用分配表

2022 年 3 月　　　　单位：元

应借科目		成本或费用项目	直接计入	分配计入	费用合计
基本生产成本	甲产品	直接材料	3 000	1 000	4 000
	乙产品	直接材料	5 000	2 000	7 000
	小计		8 000	3 000	11 000
辅助生产成本	机修车间	直接材料	1 000		1 000
	供电车间	直接材料	2 000		2 000
	小计		3 000		3 000
制造费用	基本车间	机物料	4 000		4 000
	小计		4 000		4 000
管理费用		机物料	6 000		6 000
销售费用		机物料	7 000		7 000
合　计					31 000

任务分析：

本题中有甲、乙两种产品，根据表 3-1 材料费用分配表的数据资料，编制会计分录。

任务实施：

借：生产成本—基本生产成本—甲产品　　4 000
　　　　　　　　　　　　—乙产品　　7 000
　　　　　—辅助生产成本—机修车间　　1 000
　　　　　—辅助生产成本—供电车间　　2 000
　　制造费用　　4 000
　　管理费用　　6 000
　　销售费用　　7 000
　　贷：原材料　　31 000

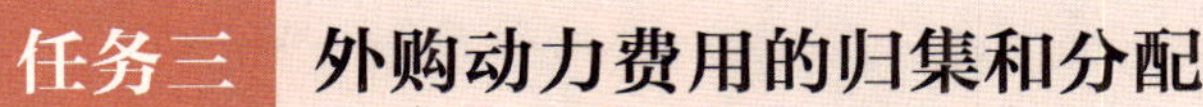

任务三 外购动力费用的归集和分配

一、外购动力费用的概念

外购动力费用是企业在生产经营过程中消耗电力、热力等而形成的费用。企业消耗的动力可以通过外购取得，也可以通过辅助生产车间提供。

二、外购动力费用的分配

1. 外购动力费用的分配原则

在没有仪表的情况下，可按生产工时的比例、机器功率时数（机器功率×机器工作工时）的比例或定额消耗量的比例分配。各车间、部门的动力用电和照明用电之间，一般都分别装有电表，因此外购电力费用在各车间、部门的动力用电和照明用电之间，一般按用电度数分配。车间的动力用电，一般无法按产品分别安装电表，因而车间动力用电费在各种产品之间一般按产品的生产工时、机器工时、定额耗电量等分配标准进行分配。

2. 外购动力费用的分配方法

按产品的生产工时计算的公式为：

费用分配率=各种产品共同耗用的动力费用÷各种产品生产工时之和

某产品应该分配费用=该产品实际生产工时×费用分配率

按机器工时计算的公式为：

费用分配率=各种产品共同耗用的动力费用÷各种产品机器工时之和

某产品应该分配费用=该产品实际机器工时×费用分配率

当产品生产过程以机器工时为主时，采用机器工时分配法是比较合理的。

3. 外购动力费用的账务处理

（1）企业在生产经营过程中所消耗的，直接用于产品生产的，应借记“基本生产成本”账户及所属产品成本计算单的“直接材料”或“燃料和动力”成本项目。

（2）直接用于辅助生产的动力费用，借记“辅助生产成本”账户及所属明细账的“直接材料”或“燃料和动力”成本项目。

（3）用于基本生产车间和辅助生产车间一般消耗的动力费用，以及管理部门的照明用电等，应分别借记“制造费用”“辅助生产成本”“管理费用”等账户及其所属明细账有关项目。

如果企业未单独设置“燃料和动力”成本项目，则直接用于产品生产和辅助生产的动力费用，也借记“制造费用”及其所属明细账的有关费用项目。

企业的外购动力费用总额应根据相关的转账凭证或付款凭证贷记“应付账款”科目

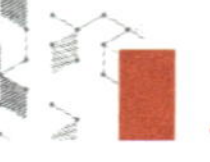

或“银行存款”科目。

案例解析

［例 3-4］腾飞公司 2022 年 3 月耗电度数合计 80 000 度，金额为 40 000 元，每度电为 0.5 元，款项尚未支付。其中直接用于产品生产耗电 50 000 度，因没有分产品安装电表，规定按机器工时比例分配。甲产品机器工时为 300 小时，乙产品机器工时为 700 小时。机修车间用电量为 4 000 度，供水车间用电量为 6 000 度，基本生产车间用电量为 10 000 度；管理部门用电量为 4 000 度，销售部门用电量为 6 000 度。

要求：(1) 按照外购动力费用分配的基本原理分配动力费用；(2) 编制外购动力费用分配表；(3) 根据所编制外购动力费用分配表编制会计分录。

任务分析：

(1) 本题中给出了合计耗电度数和金额，并分别给出了基本生产车间、辅助生产车间、管理部门和销售部门的耗电度数，由于没有分产品安装电表，甲、乙两种产品共同耗用的耗电度数按规定的机器工时比例法进行分配。

(2) 按机器工时比例法分配动力费用。其计算分配的程序是：第一，计算费用分配率；第二，计算各产品应分配的动力费用。

(3) 本题中外购动力费用分配表的编制中辅助生产成本、制造费用、管理费用、销售费用的相关数据可根据有关资料直接填列或简单计算填列。基本生产成本的相关数据需要按机器工时比例法分配动力费用后填列完成。

(4) 根据所编制外购动力费用分配表的相关数据，分析后编制会计分录。

任务实施：

(1) 计算费用

动力费用分配率 $=50\,000\times0.5\div(300+700)=25$

甲产品动力费用 $=25\times300=7\,500$ (元)

乙产品动力费用 $=25\times700=17\,500$ (元)

(2) 编制外购动力费用分配表（见表 3-2）

表 3-2　外购动力费用分配表

2022 年 3 月

应借科目		成本项目	机器工时（小时）	用电量（度）	金额（元）
基本生产成本	甲产品	燃料和动力	300	15 000	7 500
	乙产品	燃料和动力	700	35 000	17 500
	小计		1 000	50 000	25 000
辅助生产成本	机修车间	燃料和动力		4 000	2 000
	供水车间	燃料和动力		6 000	3 000
	小计			10 000	5 000
制造费用	基本生产车间	燃料和动力		10 000	5 000
	小计			10 000	5 000
管理费用		水电费		4 000	2 000
销售费用		水电费		6 000	3 000
合　计				80 000	40 000

借：生产成本—基本生产成本—甲产品　　7 500
　　　　　　　　　　　　　—乙产品　　17 500
　　　　　—辅助生产成本—机修车间　　2 000
　　　　　—辅助生产成本—供水车间　　3 000
　　制造费用　　5 000
　　管理费用　　2 000
　　销售费用　　3 000
　　贷：应付账款—某电力公司　　40 000

任务四　职工薪酬的归集和分配

一、职工薪酬的组成

职工薪酬是指企业为获得职工提供的服务或解除劳动关系而给予的各种形式的报酬或补偿。职工薪酬包括短期薪酬、离职后福利、辞退福利和其他长期职工福利。企业提供给职工配偶、子女、受赡养人、已故员工遗属及其他受益人等的福利，也属于

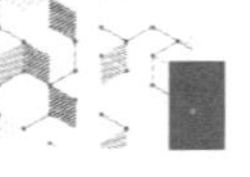

职工薪酬。

1. 职工工资

国家统计局颁布的《关于工资总额组成的规定》中指出，工资总额由六个部分组成：(1) 计时工资；(2) 计件工资；(3) 以奖金形式支付给职工的超额劳动报酬和增收节支的劳动报酬；(4) 为了补偿职工特殊或额外的劳动消耗和因其他特殊原因支付给职工的津贴，以及为了保证职工工资水平不受物价影响而支付给职工的物价补贴；(5) 按规定支付加班加点工资；(6) 根据国家法律、法规和政策规定，因病与工伤及产假、计划生育假、婚丧假、事假、探亲假、定期休假、停工学习、执行国家或社会义务等原因按计时工资标准或计时工资标准的一定比例支付的工资，以及附加工资、保留工资等特殊情况下支付的工资。

2. 职工福利费

职工福利费是指企业为职工提供的福利，如职工生活困难补助等。职工福利费属于职工薪酬，在会计处理上，采用先提取后使用的方法，提取比例由企业根据自身实际情况合理确定。

3. 社会保险费

社会保险费是指企业按照国家规定的基准和比例计算，向社会保险经办机构缴纳的医疗保险费、养老保险费（包括基本养老保险费、补充养老保险费和商业养老保险费）、失业保险费、工伤保险费和生育保险费。根据《企业年金办法》《企业年金基金管理办法》等相关规定，向有关单位（企业年金基金账户管理人）缴纳的养老保险费为补充养老保险费；以商业保险形式提供给职工的各种保险待遇为商业养老保险费。

4. 住房公积金

住房公积金是指按照《住房公积金管理条例》规定的基准和比例计算，向住房公积金管理机构缴存的长期住房储金。这里主要指企业为职工缴存的住房公积金。

5. 工会经费和职工教育经费

工会经费和职工教育经费，是指企业为了改善职工文化生活、提高职工业务素质，用于开展工会活动和职工教育及职业技能培训，根据国家规定的基准和比例，从成本费用中提取的金额。

一般而言，工会经费和职工教育经费分别按职工工资总额的2%和1.5%提取，记入“管理费用”账户。

6. 非货币性福利

非货币性福利，是指企业以自产产品或外购商品发放给职工作为福利，将自己拥有的资产无偿提供给职工使用，为职工无偿提供医疗保健服务等。

7. 辞退福利

辞退福利是指在职工劳动合同尚未到期前，企业决定解除与职工的劳动关系而给予的补偿或者为鼓励职工自愿接受裁减而给予的补偿。职工有权利选择继续在职或接受补偿离职。

8. 其他相关支出

其他相关支出即其他与获得职工提供的服务相关的支出。

二、工资费用的计算与分配

1. 计时工资的计算

计时工资的计算是根据每个职工出勤或缺勤天数，按照规定的工资标准进行计算的。工资标准按其计算的时间不同，分为按月计算的月薪、按日计算的日薪或按小时计算的小时工资（即钟点工资制）等多种方法。企业固定职工的计时工资一般按月薪计算，临时职工的计时工资大多按日薪计算，也有按小时工资计算的。

（1）月薪制日工资率的计算

在我国，职工工资的计算一般采用月薪制。在月薪制下，无论各月日历天数是多少，职工各自的每月月标准工资是相同的。也就是说，只要职工每月出满勤，则每月均可得到相同的月标准工资。月薪制日工资率的计算有以下两种方法：

一是按每月 20.83 天计算日工资。20.83 天是全年的日历天数 365 天减去 104 个双休日和 11 个法定节假日，再除以 12 个月计算出的平均数。

用这种方法计算的日工资，无论大月小月，每月工作日数都按 20.83 天计算。月份内的双休日和法定节假日不付工资，缺勤期间的双休日和法定节假日也不扣工资。此种方式的日工资 = 月标准工资÷20.83。

二是按每月 30 天计算日工资。30 天是全年的日历天数 365 天除以 12 个月计算出的平均数。采用这种方法计算日工资，月份内出勤期间的双休日和法定节假日应按出勤照付工资，缺勤期间的双休日和法定节假日算缺勤照扣工资。此种方式的日工资 = 月标准工资÷30。

计算缺勤扣款时，应按劳动法、劳动保险条例的有关规定执行。对旷工和事假缺勤按 100%的比例扣发工资；对因公负伤、婚丧假、探亲假期和女工产假等缺勤应视同出勤，不扣工资。对病假，则应根据劳动保险条例的规定，按病假期限和工龄长短扣发一定比例的工资。

（2）月工资计算方法

应付工资一般有四种计算方法：1）按 30 天计算日工资率，按缺勤日数扣月工资；2）按 30 天计算日工资率，按出勤日数计算月工资；3）按 20.83 天计算日工资率，按缺勤日数扣月工资；4）按 20.83 天计算日工资率，按出勤日数计算月工资。

也就是说，应付的月工资，可以按日工资率乘以出勤日数计算，也可以按月标准工资扣除缺勤工资计算。

工资计算公式如下：

应付标准工资＝月标准工资−应扣缺勤工资

应扣缺勤工资＝缺勤日数×日工资率×缺勤扣款比例

或

应付标准工资＝出勤日数×日工资率＋应发缺勤工资

应发缺勤工资＝缺勤日数×日工资率×(1−缺勤扣款比例)

案例解析

［例 3−5］腾飞公司工人王某的月工资标准为 3 000 元。7 月该工人病假 3 天，事假 2 天，周末休假 9 天，出勤 17 天。根据该工人的工龄，其病假工资按工资标准的 80%计算。该工人的病假和事假期间没有节假日。

要求：按照计时工资的基本原理，按月工资四种计算方法分别计算该工人 7 月的标准工资。

任务分析：

本题中给出了月工资标准、病假天数、事假天数、周末休假天数和出勤天数的相关数据。按照应付工资的四种方法进行计算。

任务实施：

（1）按 30 天计算日工资率，按缺勤日数扣月工资。

日工资率＝3 000÷30＝100（元）

应扣缺勤病假工资＝100×3×(1−80%)＝60（元）

应扣缺勤事假工资＝100×2＝200（元）

应付工资＝3 000−60−200＝2 740（元）

（2）按 30 天计算日工资率，按出勤日数计算月工资。

日工资率＝3 000÷30＝100（元）

应付出勤工资＝100×(17+9)＝2 600（元）

应付病假工资＝100×3×80%＝240（元）

应付工资＝2 600+240＝2 840（元）

（3）按 20.83 天计算日工资率，按缺勤日数扣月工资。

日工资率＝3 000÷20.83≈144.02（元）

应扣缺勤病假工资＝144.02×3×(1−80%)＝86.41（元）

应扣缺勤事假工资＝144.02×2＝288.04（元）

应付工资＝3 000−86.41−288.04＝2 625.55（元）

（4）按20.83天计算日工资率，按出勤日数计算月工资。

日工资率＝3 000÷20.83≈144.02（元）

应付出勤工资＝144.02×17＝2 448.34（元）

应付病假工资＝144.02×3×80%＝345.65（元）

应付工资＝2 448.34+345.65＝2 793.99（元）

2. 计件工资的计算

计件工资按照计算对象的不同，可分为个人计件工资和集体计件工资两种。

（1）个人计件工资的计算

职工的计件工资，应根据产量工时记录中登记的每一名职工的产品产量（包括合格品数量和料废品数量），乘以规定的计件单价计算。由于职工本人过失造成的工废产品，不计算支付工资，有的还应由责任人赔偿损失。

1）个人计件工资计算的基本原则

料废品：非职工本人过失造成的不合格产品，应计算支付工资。

工废品：由于职工本人过失造成的不合格产品，不计算支付工资。

2）个人计件工资的计算公式

应付计件工资＝$\sum$月内该职工每种产品产量×该种产品的计件单价

上式中，产品的计件单价是根据职工生产单位产品所需要的工时定额和该级工人的小时工资率计算求得的。式中的产品产量＝合格品数量+料废品数量。

案例解析

［例3-6］腾飞公司的工人王某本月加工甲、乙两种产品，甲产品计件单价是每件10元，合格品100件，料废品5件，工废品2件；乙产品计件单价是每件30元，合格品70件，料废品3件，工废品1件。

要求：运用计件工资的计算方法，计算该工人本月的工资。

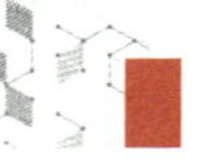

任务分析：

（1）本题中给出了甲、乙两种产品计件单价、合格品数量、工废品数量、料废品数量等相关数据。

（2）本题是计算工人王某个人工资，所以选择个人计件工资公式，将相关数据代入个人计件工资公式中即求得该工人本月的工资。

任务实施：

应付计件工资 =（100+5）×10+（70+3）×30=3 240（元）

（2）集体计件工资的计算

集体计件工资的计算方法与个人计件工资的计算方法相同。但是，集体计件工资还要在集体内部各工人之间按照贡献大小进行分配，由于工人的技能等级或工资标准一般体现工人的劳动质量和技术水平，工作日数一般体现劳动数量，因而集体内部大多按每人的工资标准和工作日数（或工时数）乘积进行分配。

案例解析

［例 3-7］宏达公司某车间第一小组有甲、乙、丙三名工人，2022 年 3 月该小组集体计件工资额为 12 800 元，其他相关资料见表 3-3。请按照集体计件工资的基本原理，计算甲、乙、丙三名工人当月的计件工资。

表 3-3　工人集体计件工资资料表

2022 年 3 月

工人	等级	月工资标准/元	工作日数/天	乘积数
甲	4	2 000	15	30 000
乙	3	2 500	20	50 000
丙	2	3 000	16	48 000
合　计				128 000

任务分析：

（1）本题中给出了甲、乙、丙三人的等级、月工资标准、工作日数等相关数据。

（2）集体计件工资的计算步骤是：第一，计算小组内部工资分配率；第二，将相关数据代入工资公式中求得甲、乙、丙工人本月的工资。

集体内部大多按每人的工资标准和工作日数（或工时数）乘积为比例进行分配。本题资料中给出了工资标准和工作日数乘积数，按此比例进行分配即可。

任务实施：

小组内部工资分配率=12 800÷(2 000×15+2 500×20+3 000×16)=0.1

甲工人=0.1×2 000×15=3 000（元）

乙工人=0.1×2 500×20=5 000（元）

丙工人=0.1×3 000×16=4 800（元）

3. 工资费用的分配

工资费用的分配是指将企业职工的工资作为一种费用，按照其用途和发生部门进行的归集和分配。企业生产经营中所发生的工资费用，应计入产品成本或期间费用。

由于工资制度的不同，生产工人工资计入产品成本的方法也不同。在计件工资制度中，生产工人工资通常是根据产量凭证计算工资并直接计入产品成本。在计时工资制度中，如果只生产一种产品，生产工人工资属于直接费用，可直接计入该种产品成本；如果生产多种产品，就要求采用一定的分配方法在各种产品之间进行分配。工资费用的分配，通常采用按产品实际工时比例分配的方法。其计算公式为：

生产工资费用分配率=各种产品生产工资总额÷各种产品实际生产工时之和

某种产品应分配的工资费用=该种产品实际生产工时×生产工资费用分配率

4. 工资费用的账务处理

工资费用的分配是通过编制工资费用分配表进行的，根据工资费用分配表编制会计分录，登记有关总账和明细账。

工资费用应按其发生的地点和用途进行分配。对于生产车间直接从事产品生产的生产工人工资，应记入“生产成本”科目中的“直接人工”成本项目中；生产车间管理人员的工资，应记入“制造费用”科目；行政管理人员的工资，应记入“管理费用”科目中；固定资产大修等工程技术人员的工资，应记入“在建工程”科目中；专设销售机构人员的工资，则应记入“销售费用”科目中；直接用于辅助生产的工资费用，应借记“辅助生产成本”科目及其所属明细账的“直接人工”中。

案例解析

［例 3-8］宏达公司生产甲、乙两种产品。两种产品的生产均采用计时工资制度。

2022 年 3 月甲、乙产品的生产工人计时工资共计 200 000 元，甲、乙产品生产工时分别为 15 000 小时和 5 000 小时。机修车间直接人工 30 000 元，供电车间直接人工 20 000 元，制造费用为：基本生产车间 20 000 元、机修车间 15 000 元、供电车间 10 000 元，销售费用 25 000 元，管理费用 50 000 元，均用于支付职工薪酬。

要求：(1) 计算甲、乙产品应分配工资费用；(2) 编制工资费用分配表；(3) 根据工资费用分配表编制会计分录。

任务分析：

(1) 本题中给出了生产产品的种类、总计时工资数和两种产品分别的工时数等相关数据。

(2) 进行工资分配的步骤是：第一，计算工资费用分配率；第二，计算甲、乙两种产品应分配的工资费用。

(3) 本题工资费用分配表中，基本生产成本中甲、乙两种产品的费用，因没有直接计入所以填 0，分配计入部分按生产工时分配计入；辅助生产成本、制造费用、销售费用和管理费用的工资费用是已知条件直接给出的数据。

(4) 根据工资费用分配表所涉及的相关会计科目和数据，编制会计分录。

任务实施：

按生产工时比例分配计算如下：

工资费用分配率＝200 000÷(15 000+5 000)＝10

甲产品分配工资费用＝15 000×10＝150 000（元）

乙产品分配工资费用＝5 000×10＝50 000（元）

宏达公司 2022 年 3 月工资费用分配表见表 3-4。

表 3-4 工资费用分配表

2022 年 3 月

应借科目		成本或费用项目	直接计入（元）	分配计入			工资费用合计（元）
				生产工时（小时）	分配率	分配金额（元）	
基本生产成本	甲产品	直接人工	0	15 000	10	150 000	150 000
	乙产品	直接人工	0	5 000	10	50 000	50 000
	小计		0	20 000		200 000	200 000

续表

应借科目		成本或费用项目	直接计入（元）	分配计入			工资费用合计（元）
				生产工时（小时）	分配率	分配金额（元）	
辅助生产成本	机修车间	直接人工	30 000				30 000
	供电车间	直接人工	20 000				20 000
	小计		50 000				50 000
制造费用	基本生产车间	职工薪酬	20 000				20 000
	机修车间	职工薪酬	15 000				15 000
	供电车间	职工薪酬	10 000				10 000
	小计		45 000				45 000
管理费用		职工薪酬	50 000				50 000
销售费用		职工薪酬	25 000				25 000
合　计			170 000			200 000	370 000

根据工资费用分配表编制的会计分录如下：

借：基本生产成本—甲产品　　150 000
　　　　　　　　—乙产品　　50 000
　　辅助生产成本—机修车间　　30 000
　　　　　　　　—供电车间　　20 000
　　制造费用—基本生产车间　　20 000
　　　　　　—机修车间　　15 000
　　　　　　—供电车间　　10 000
　　管理费用　　50 000
　　销售费用　　25 000
　　贷：应付职工薪酬　　370 000

任务五　固定资产折旧费用及其他费用的归集和分配

一、固定资产折旧费用的分配

固定资产的折旧费用虽然是直接用于产品生产的费用，但一般属于分配工作比较复

杂的间接计入费用。为了简化产品成本的计算工作，没有专门将折旧费单独设立成本项目，而将生产部门用于产品生产的固定资产折旧费用计入“制造费用”，并作为“制造费用”的一个费用项目。

计提的折旧费一般应按其使用的车间、部门进行归集和分配，折旧费用的分配通常要编制折旧费用分配表。

目前我国采用的折旧计算方法主要有平均年限法、工作量法、双倍余额递减法、年数总和法等方法。应注意的是，固定资产月折旧额按月初固定资产的原值和规定的折旧率计算。固定资产折旧计算的方法详见《企业财务会计实务》，这里不再赘述。

按照企业会计准则的规定，企业应对所有固定资产计提折旧，但是，已提足折旧仍继续使用的固定资产和单独计价入账的土地除外。所谓提足折旧是指已经提足该项固定资产的应计折旧额。在确定计提折旧范围时，还应注意以下几点：

（1）固定资产应从达到预定可使用状态时开始计提折旧，终止确认时或划分为持有待售非流动资产时停止计提折旧。已经达到预定可使用状态但尚未办理竣工决算的固定资产，应当按照估计价值确定其成本，并计提折旧，待办理竣工决算后再按实际成本调整原来的暂估价值，但不需要调整原已计提的折旧额。

（2）固定资产提足折旧后，不论能否继续使用，均不再计提折旧，提前报废的固定资产也不再补提折旧。

1）当月增加的固定资产，当月不提折旧；当月减少的固定资产，当月照提折旧。

2）企业生产某种产品往往需要使用多种机器设备，而某种机器设备可能生产多种产品。因此，机器设备的折旧费用虽是直接用于产品生产的费用，但一般属于分配工作比较复杂的间接计入费用。为了简化产品成本计算工作，没有专门设立成本项目，而是与生产车间的其他固定资产折旧费用一起借记“制造费用”科目；对于企业行政管理部门和专设销售机构的固定资产折旧费则分别借记“管理费用”“销售费用”等科目。对于固定资产折旧总额，应贷记“累计折旧”科目。

案例解析

［例 3-9］腾飞公司计提固定资产折旧情况见表 3-5 固定资产折旧计算表。

要求：（1）计提本月固定资产折旧费用；（2）编制固定资产折旧费用分配表；（3）根据固定资产折旧费用分配表，编制会计分录。

表 3-5　固定资产折旧计算表（部分）

2022 年 3 月　　　　单位：元

使用部门	上月已提折旧额	上月增加的固定资产应计提的折旧额	上月减少的固定资产应计提的折旧额	本月固定资产应计提折旧额
基本生产车间	15 000	600	—	—
行政管理部门	8 000	—	—	—
销售部门	4 000	—	—	—

任务分析：

（1）本题中给出固定资产上月已提折旧额、上月增加的固定资产应计提的折旧额和上月减少的固定资产应计提的折旧额等相关数据。

（2）计算本月固定资产应计提折旧额。

（3）根据固定资产折旧计算表填制固定资产折旧费用分配表，其中本月折旧额按上一问题的计算结果填列。

任务实施：

（1）基本生产车间：本月固定资产应计提折旧额 = 15 000+600 = 15 600（元）

行政管理部门：本月固定资产应计提折旧额 = 8 000（元）

销售部门：本月固定资产应计提折旧额 = 4 000（元）

（2）编制固定资产折旧费用分配表（见表 3-6）。

表 3-6　固定资产折旧费用分配表

2022 年 3 月　　　　单位：元

项　目	应借科目			
折旧费	制造费用—基本生产车间	管理费用	销售费用	合　计
	15 600	8 000	4 000	27 600

（3）编制会计分录如下：

借：制造费用—基本生产车间　　15 600

　　管理费用　　8 000

　　销售费用　　4 000

　贷：累计折旧　　27 600

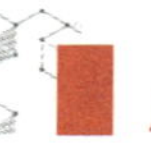

二、其他费用的分配

其他费用是指除上述以外的费用，包括劳动保护费、运输费、办公费、技术转让费、业务招待费、差旅费、邮递费、保险费等。这些费用有的属于产品成本，有的则是期间费用的组成部分，即使是应计入产品成本的费用，也没有单独设立成本项目，因此，这些费用发生时，根据有关的付款凭证等，按照费用的用途进行归类。

案例解析

[例 3-10] 腾飞公司以银行存款支付应由 3 月负担的有关费用 30 000 元，其中，基本生产车间的劳保费 15 000 元，专设销售机构的广告费 9 000 元，企业行政管理部门的办公费 6 000 元，要求：编制其他费用分配的会计分录。

任务分析：

（1）本题中给出了腾飞公司 3 月应负担的有关费用的数据。

（2）根据有关费用的数据编制会计分录。按照费用的用途进行归类，分别借记"制造费用""管理费用""销售费用"等科目；因为以银行存款支付 3 月应负担的有关费用 30 000 元，所以贷记"银行存款"科目。

任务实施：

编制会计分录如下：

借：制造费用—基本生产车间　　15 000
　　管理费用　　6 000
　　销售费用　　9 000
　贷：银行存款　　30 000

项目小结

本项目阐述了生产费用要素的归集和分配的一般原则及各要素费用归集和分配的方法。通过本项目的学习，要求学生理解要素费用的内容、归集和分配的原则和一般方法，掌握材料费用、外购动力费用、工资费用、固定资产折旧费用和其他费用的归集、分配程序和方法，熟练掌握要素费用归集、分配的账务处理。

本项目的重点是材料费用、工资费用的计算分配，难点是共同耗用材料的分配方法、工资费用的计算分配及账务处理。

思考与练习

1. 生产费用按经济内容可以划分为哪几类?
2. 材料费用的分配原则有哪些?
3. 如何运用定额消耗量比例分配法进行材料费用的分配?
4. 如何运用定额费用比例分配法进行材料费用的分配?
5. 工资总额由哪几部分构成?
6. 计时工资有哪些计算方法? 应如何进行计算?

项目四
辅助生产费用的归集和分配

学习目标

知识目标

1. 理解辅助生产费用的含义及归集。

2. 掌握辅助生产费用三种分配方法的特点和适用范围。

能力目标

1. 能够设置并登记生产成本明细账，归集辅助生产费用。

2. 能够运用直接分配法、一次交互分配法、计划成本分配法对辅助生产费用进行分配和核算。

思维导图

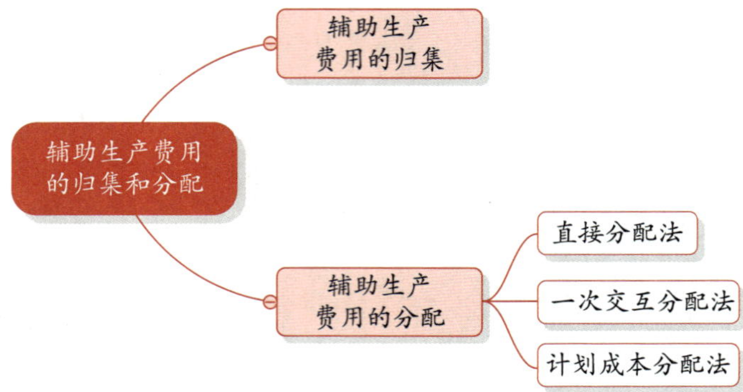

任务一 辅助生产费用的归集

一、辅助生产费用的含义

辅助生产车间是从事辅助生产活动的车间。辅助生产车间提供的生产和劳务一般包括供电、供水、供气、机修、运输和工具、模具生产等辅助生产。其中，只提供一种劳务的称为单品种辅助生产车间，如供电、供水、供气、机修、运输等；而提供多种产品生产的则称为多品种辅助生产车间，如从事工具、模具、刃具、修理用备件的制造等辅助生产。辅助生产与基本生产的最大区别是生产产品的目的不同。基本生产车间生产的产品主要是对外销售的，而辅助生产车间生产的产品或提供的劳务主要是对内服务的。

辅助生产费用是为基本生产和经营管理服务而进行的产品生产和劳务供应而发生的费用。

二、辅助生产费用的归集

辅助生产费用的归集是通过生产成本总账及明细账来进行的。企业应设置“生产成本—辅助生产成本”账户。为了反映各个辅助生产车间的费用发生情况，在“生产成本—辅助生产成本”账户下，按不同的辅助生产车间设立二级明细科目。通常情况下，对多品种辅助生产车间，其制造费用应当通过“制造费用”账户核算，在月末分配后计入辅助生产费用。而对单品种辅助生产车间，则不通过“制造费用”账户核算，对发生的制造费用直接记入“生产成本—辅助生产成本”账户。本节为了简化核算工作，辅助生产的制造费用都不通过“制造费用”账户核算。

案例解析

［例 4-1］ 朝阳机械有限公司设有供电和供水两个辅助生产车间。2022 年 11 月发生以下经济业务：

（1） 11 月 7 日，用银行存款支付供电车间设备维护费 3 000 元、供水车间设备维护费 2 000 元。

（2） 11 月 25 日，提取辅助生产车间折旧 40 000 元，其中供电车间折旧为 30 000 元，供水车间折旧为 10 000 元。

（3） 11 月 26 日，辅助生产车间购买办公用品 6 000 元，其中供电车间 3 500 元，

供水车间 2 500 元，均已用银行存款支付。

（4）11 月 27 日，供电车间生产领用材料 2 000 元，车间办公领用材料 500 元；供水车间生产领用材料 3 000 元，车间办公领用材料 1 000 元。

（5）11 月 28 日，应付辅助生产车间工资 55 000 元。其中，供电车间生产工人工资为 20 000 元，车间管理人员工资为 3 000 元；供水车间生产工人工资为 30 000 元，车间管理人员工资为 2 000 元。

根据以上经济业务编制会计分录，并登记明细账。

任务分析：本题是对朝阳机械有限公司供电和供水两个辅助生产车间发生的经济业务编制会计分录，因此，其所发生的各项经济业务应该作为辅助生产费用进行归集。

任务实施：

（1）借：生产成本—辅助生产成本—供电车间　　3 000
　　　　　　　　　　　　　　　　—供水车间　　2 000
　　　贷：银行存款　　5 000

（2）借：生产成本—辅助生产成本—供电车间　　30 000
　　　　　　　　　　　　　　　　—供水车间　　10 000
　　　贷：累计折旧　　40 000

（3）借：生产成本—辅助生产成本—供电车间　　3 500
　　　　　　　　　　　　　　　　—供水车间　　2 500
　　　贷：银行存款　　6 000

（4）借：生产成本—辅助生产成本—供电车间　　2 500
　　　　　　　　　　　　　　　　—供水车间　　4 000
　　　贷：原材料　　6 500

（5）借：生产成本—辅助生产成本—供电车间　　23 000
　　　　　　　　　　　　　　　　—供水车间　　32 000
　　　贷：应付职工薪酬　　55 000

根据以上会计分录登记“辅助生产成本”明细账，见表 4-1 和表 4-2。

表 4-1 辅助生产成本明细账

辅助生产车间：供电车间　　2022 年 11 月　　单位：元

2022 年		凭证号	摘要	材料费用	动力费用	职工薪酬	折旧费用	办公费用	其他费用	合计
月	日									
11	7	1	支付维护费用						3 000	3 000
11	25	2	计提折旧				30 000			30 000
11	26	3	支付办公费					3 500		3 500
11	27	4	领用材料	2 500						2 500
11	28	5	分配薪酬			23 000				23 000
11	30		本月合计	2 500		23 000	30 000	3 500	3 000	62 000
11	30		结转辅助生产费用	2 500		23 000	30 000	3 500	3 000	62 000

表 4-2 辅助生产成本明细账

辅助生产车间：供水车间　　2022 年 11 月　　单位：元

2022 年		凭证号	摘要	材料费用	动力费用	职工薪酬	折旧费用	办公费用	其他费用	合计
月	日									
11	7	1	支付维护费用						2 000	2 000
11	25	2	计提折旧				10 000			10 000
11	26	3	支付办公费					2 500		2 500
11	27	4	领用材料	4 000						4 000
11	28	5	分配薪酬			32 000				32 000
11	30		本月合计	4 000		32 000	10 000	2 500	2 000	50 500
11	30		结转辅助生产费用	4 000		32 000	10 000	2 500	2 000	50 500

从表 4-1 和表 4-2 辅助生产成本明细账中的“本月合计”栏可以看出，朝阳机械有限公司供电和供水车间 11 月归集的辅助生产费用总额分别为 62 000 元和 50 500 元。

任务二 辅助生产费用的分配

辅助生产车间在生产产品或提供劳务过程中发生的生产费用，构成辅助生产产品或劳务的成本。根据受益原则，其发生的费用应由各受益单位承担，即应将辅助生产发生

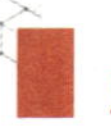

的费用分配给各个受益单位。辅助生产费用的分配方法有直接分配法、一次交互分配法和计划成本分配法等。

一、直接分配法

直接分配法是指将各辅助生产成本明细账归集的费用总额，不考虑各辅助生产车间之间相互提供的产品或劳务，直接分配给辅助生产车间以外的各受益产品、车间或部门。它的特点是只对外（辅助生产车间以外的各单位）进行分配，而不考虑辅助生产车间之间提供的产品或劳务，因此分配方法比较简单，但是分配结果不够准确，一般用于辅助生产车间相互分配的产品或劳务量较少的企业。其计算公式如下：

费用分配率＝该辅助生产车间归集的待分配费用总额÷该辅助生产车间对外提供的产品或劳务总量

某受益对象应分配的费用＝该受益对象耗用的产品或劳务量×费用分配率

案例解析

［例 4-2］朝阳机械有限公司设有供电和供水两个辅助生产车间，2022 年 11 月供电车间发生生产费用总额为 62 000 元，供水车间发生生产费用总额为 50 500 元。该公司只生产甲产品，辅助生产车间主要为基本生产车间和行政管理部门提供产品和服务。辅助生产车间提供的劳务量见表 4-3。

表 4-3　辅助生产车间提供的劳务量

受益车间/部门	供电数量（度）	供水数量（吨）
供电车间		2 000
供水车间	3 000	
基本生产车间—甲产品	90 000	18 500
基本生产车间一般耗用	24 000	1 400
管理部门	10 000	300
合　计	127 000	22 200

供电车间提供的劳务总量为 127 000 度，其中用于供水车间为 3 000 度；供水车间提供的劳务总量为 22 200 吨，其中用于供电车间 2 000 吨。不考虑辅助生产车间相互提供的劳务，对辅助生产费用进行分配。

任务分析：

由于不考虑辅助生产车间之间相互提供的劳务，所以对辅助生产费用采用直接分配法进行分配。

任务实施：

供电车间提供的劳务总量为127 000度，其中用于供水车间为3 000度。

供电车间费用分配率=62 000÷(90 000+24 000+10 000)=0.5

甲产品应分配的电费=90 000×0.5=45 000（元）

基本生产车间一般耗用的制造费用应分配的费用=24 000×0.5=12 000（元）

管理部门的管理费用应分配的费用=10 000×0.5=5 000（元）

供水车间提供的劳务总量为22 200吨，其中用于供电车间为2 000吨。

供水车间费用分配率=50 500÷(18 500+1 400+300)=2.5

甲产品应分配的水费=18 500×2.5=46 250（元）

基本生产车间一般耗用的制造费用应分配的费用=1 400×2.5=3 500（元）

管理部门的管理费用应分配的费用=300×2.5=750（元）

填制辅助生产费用分配表，见表4-4。

表4-4　辅助生产费用分配表（直接分配法）

2022年11月

项目		供电车间		供水车间		合计（元）
		耗用量（度）	分配金额（元）	耗用量（吨）	分配金额（元）	
归集的辅助生产费用			62 000		50 500	112 500
提供给辅助生产车间以外的劳务量		124 000		20 200		
费用分配率		0.5		2.5		
应借账户	生产成本—基本生产成本—甲产品	90 000	45 000	18 500	46 250	91 250
	制造费用	24 000	12 000	1 400	3 500	15 500
	管理费用	10 000	5 000	300	750	5 750
合计		124 000	62 000	20 200	50 500	112 500

根据辅助生产费用分配表，编制如下会计分录：

借：生产成本—基本生产成本—甲产品　91 250

　　制造费用　15 500

　　管理费用　5 750

　　贷：生产成本—辅助生产成本—供电车间　62 000

　　　　　　　　　　　　　　—供水车间　50 500

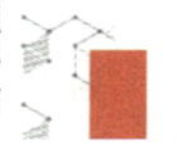

二、一次交互分配法

一次交互分配法是指对归集的辅助生产费用先在辅助生产车间之间进行交互分配，计算出交互分配后的辅助生产费用（交互前的费用加上交互分配转入的费用，减去交互分配转出的费用），再按提供的产品量或劳务量在辅助生产车间以外的各受益单位之间进行分配。其优点是辅助生产费用通过两次分配完成，提高了分配的正确性，分配结果更符合实际，也更准确。缺点是加大了分配的工作量。因此，该方法一般用于辅助生产车间相互耗用产品或劳务较多的企业。一次交互分配法的具体计算过程如下：

1. 对内进行交互分配

辅助生产费用交互分配率=该辅助生产成本明细账分配前归集的全部费用÷该辅助生产车间提供的产品（或劳务）的总量

某辅助生产车间交互分入的费用=该辅助生产车间受益的产品（或劳务）量×辅助生产费用交互分配率

某辅助生产车间交互分出的费用=提供给其他辅助生产车间的产品（或劳务）量×辅助生产费用交互分配率

某辅助生产车间交互分配后的费用=该辅助生产明细账分配前归集的全部费用+该辅助生产车间交互分入的费用-该辅助生产车间交互分出的费用

2. 对外分配

某辅助生产车间对外分配率=该辅助生产车间交互分配后的费用÷该辅助生产车间对外提供产品（或劳务）量

某受益对象应负担的辅助生产费用=该对象受益的产品（或劳务）量×某辅助生产车间对外分配率

案例解析

［例 4-3］沿用例 4-2 资料，在考虑辅助生产车间相互提供劳务的情况下，对辅助生产费用进行分配。

任务分析：

由于要求考虑辅助生产车间相互提供的劳务，所以对辅助生产费用采用一次交互分配法进行分配。

任务实施：

（1）对内进行交互分配

交互分配的供电车间费用分配率＝62 000÷127 000≈0. 488 2

交互分配的供水车间费用分配率＝50 500÷22 200≈2. 274 8

供电车间分配给供水车间的电费＝3 000×0. 488 2＝1 464. 6（元）

供水车间分配给供电车间的水费＝2 000×2. 274 8＝4 549. 6（元）

交互分配后供电和供水车间的实际费用：

交互分配后供电车间的实际费用＝62 000+4 549. 6−1 464. 6＝65 085（元）

交互分配后供水车间的实际费用＝50 500+1 464. 6−4 549. 6＝47 415（元）

（2）对外进行分配（与直接分配法相似）

供电车间对外费用分配率＝65 085÷124 000≈0. 524 9

供水车间对外费用分配率＝47 415÷20 200≈2. 347 3

基本生产车间甲产品应分配的电费＝90 000×0. 524 9＝47 241（元）

基本生产车间甲产品应分配的水费＝18 500×2. 347 3＝43 425. 05（元）

基本生产车间一般耗用应分配的电费＝24 000×0. 524 9＝12 597. 6（元）

基本生产车间一般耗用应分配的水费＝1 400×2. 347 3＝3 286. 22（元）

管理部门应分配的电费＝65 085−47 241−12 597. 6＝5 246. 4（元）（倒挤的方法）

管理部门应分配的水费＝47 415−43 425. 05−3 286. 22＝703. 73（元）（倒挤的方法）

填制辅助生产费用分配表，见表 4−5。

表 4−5　辅助生产费用分配表（一次交互分配法）

2022 年 11 月

项　目	供电车间		供水车间		合　计（元）
	耗用量（度）	分配金额（元）	耗用量（吨）	分配金额（元）	
归集的待分配辅助生产费用		62 000		50 500	112 500
提供的劳务总量	127 000		22 200		
交互分配					
交互分配率	0. 488 2		2. 274 8		

续表

项目		供电车间		供水车间		合计（元）
		耗用量（度）	分配金额（元）	耗用量（吨）	分配金额（元）	
辅助生产车间	供电车间			2 000	4 549.6	4 549.6
	供水车间	3 000	1 464.6			1 464.6
对外分配						
对外分配辅助生产费用			65 085		47 415	112 500
对外分配率		0.524 9		2.347 3		
基本生产车间—甲产品		90 000	47 241	18 500	43 425.05	90 666.05
制造费用		24 000	12 597.6	1 400	3 286.22	15 883.82
管理费用		10 000	5 246.4	300	703.73	5 950.13
对外分配合计		124 000	65 085	20 200	47 415	112 500

（3）根据辅助生产费用分配表，编制会计分录如下：

1）交互分配

借：生产成本—辅助生产成本—供电车间　　4 549.6

　　　　　　　　　　　　　—供水车间　　1 464.6

　贷：生产成本—辅助生产成本—供水车间　　4 549.6

　　　　　　　　　　　　　　—供电车间　　1 464.6

2）对外分配时

借：生产成本—基本生产成本—甲产品　　90 666.05

　制造费用　　15 883.82

　管理费用　　5 950.13

　贷：生产成本—辅助生产成本—供电车间　　65 085

　　　　　　　　　　　　　　—供水车间　　47 415

三、计划成本分配法

计划成本分配法是指对辅助生产车间和基本生产车间、管理部门一律按实际耗用量和计划单位成本计算分配辅助生产费用，计划分配额和实际费用之间的成本差异直接转入管理费用。这是一种先分配费用、再调整差额的分配方法。它便于考核和分析各受益单位的经济责任，但要求辅助生产产品或劳务的计划单位成本必须准确。

某受益单位应分配劳务费用=该受益对象的受益数量×计划单位成本

某辅助生产车间已分配的计划总成本=该辅助生产车间提供的产品（或劳务）总量×计划单位成本

某辅助生产车间实际总成本=该辅助生产车间直接发生的费用+其他辅助生产车间转入的计划成本

某辅助生产车间成本差异=该辅助生产车间实际总成本-该辅助生产车间已分配的计划总成本

案例解析

［例 4-4］朝阳机械有限公司确定的辅助生产劳务的计划单位成本为：供电车间每度电的计划单位成本为 0.52 元，供水车间每吨水的计划单位成本为 2.4 元。其他情况参见例 4-2 中的资料。请对辅助生产费用采用计划成本分配法进行分配。

任务分析：

由于提供的资料中辅助生产车间有准确的计划单位成本，所以对辅助生产费用采用计划成本分配法进行分配。

任务实施：

（1）计算各受益部门应分配的计划成本费用

供电车间分配给供水车间的电费=3 000×0.52=1 560（元）

供电车间分配给基本生产车间甲产品的电费=90 000×0.52=46 800（元）

供电车间分配给基本生产车间一般耗用的电费=24 000×0.52=12 480（元）

供电车间分配给管理部门的电费=10 000×0.52=5 200（元）

供水车间分配给供电车间的水费=2 000×2.4=4 800（元）

供水车间分配给基本生产车间甲产品的水费=18 500×2.4=44 400（元）

供水车间分配给基本生产车间一般耗用的水费=1 400×2.4=3 360（元）

供水车间分配给管理部门的水费=300×2.4=720（元）

（2）计算辅助生产车间实际发生的费用

供电车间实际总成本=62 000+4 800=66 800（元）

供水车间实际总成本=50 500+1 560=52 060（元）

（3）计算辅助生产成本差异（实际-计划）

供电车间按计划成本分配合计=1 560+46 800+12 480+5 200=66 040（元）

供水车间按计划成本分配合计=4 800+44 400+3 360+720=53 280（元）

供电车间辅助生产成本差异=66 800-66 040=760（元）

供水车间辅助生产成本差异=52 060-53 280=-1 220（元）

填制辅助生产费用分配表，见表4-6。

表4-6　辅助生产费用分配表（计划成本分配法）

2022年11月

<table>
<tr><th colspan="2" rowspan="2">项　目</th><th colspan="2">供电车间</th><th colspan="2">供水车间</th><th rowspan="2">合　计（元）</th></tr>
<tr><th>耗用量（度）</th><th>分配金额（元）</th><th>耗用量（吨）</th><th>分配金额（元）</th></tr>
<tr><td colspan="2">归集的辅助生产费用</td><td></td><td>62 000</td><td></td><td>50 500</td><td>112 500</td></tr>
<tr><td colspan="2">提供的劳务总量</td><td>127 000</td><td></td><td>22 200</td><td></td><td></td></tr>
<tr><td colspan="2">计划单位成本</td><td colspan="2">0.52（元/度）</td><td colspan="2">2.4（元/吨）</td><td></td></tr>
<tr><td rowspan="2">辅助生产车间</td><td>供电车间</td><td></td><td></td><td>2 000</td><td>4 800</td><td>4 800</td></tr>
<tr><td>供水车间</td><td>3 000</td><td>1 560</td><td></td><td></td><td>1 560</td></tr>
<tr><td colspan="2">基本生产车间—甲产品</td><td>90 000</td><td>46 800</td><td>18 500</td><td>44 400</td><td>91 200</td></tr>
<tr><td colspan="2">基本生产车间一般耗用</td><td>24 000</td><td>12 480</td><td>1 400</td><td>3 360</td><td>15 840</td></tr>
<tr><td colspan="2">管理部门</td><td>10 000</td><td>5 200</td><td>300</td><td>720</td><td>5 920</td></tr>
<tr><td colspan="2">按计划成本分配合计</td><td></td><td>66 040</td><td></td><td>53 280</td><td>119 320</td></tr>
<tr><td colspan="2">辅助生产实际总成本</td><td></td><td>66 800</td><td></td><td>52 060</td><td>118 860</td></tr>
<tr><td colspan="2">辅助生产成本差异</td><td></td><td>760</td><td></td><td>-1 220</td><td>-460</td></tr>
</table>

（4）根据辅助生产费用分配表，编制会计分录如下：

1）按计划成本分配

借：生产成本—辅助生产成本—供电车间　　4 800
　　　　　　　　　　　　　—供水车间　　1 560
　　生产成本—基本生产成本—甲产品　　91 200
　　制造费用　　15 840
　　管理费用　　5 920
　　贷：生产成本—辅助生产成本—供电车间　　66 040
　　　　　　　　　　　　　　　—供水车间　　53 280

2）结转辅助生产成本差异

借：管理费用　　460
　　贷：生产成本—辅助生产成本—供电车间　　760
　　　　　　　　　　　　　　　—供水车间　　1 220

最后，根据辅助生产费用分配表和记账凭证的会计分录，将辅助生产费用分配情况登记辅助生产成本明细账，并登记相关成本费用明细账。

项目小结

本项目阐述了辅助生产费用的归集和分配的方法。通过本项目的学习，要求学生掌握辅助生产费用的归集和分配的程序、方法，熟练掌握辅助生产费用归集分配的账务处理。

本项目的重点是一次交互分配法，难点是计划成本分配法及其账务处理。

思考与练习

1. 辅助生产费用的分配方法有哪三种？
2. 一次交互分配法有哪些优缺点？
3. 辅助生产费用三种分配方法的适用范围是什么？
4. 简述一次交互分配法在交互分配和对外分配时的账务处理。
5. 简述计划成本分配法的两步账务处理。

项目五
制造费用与损失性费用的归集和分配

学习目标

知识目标

1. 掌握制造费用的账户结构。
2. 理解制造费用的分配方法。
3. 了解废品损失和停工损失的含义。

能力目标

1. 能够用生产工时比例法对制造费用进行分配和账务处理。
2. 能够用生产工人工资比例法对制造费用进行分配和账务处理。
3. 能够用机器工时比例法对制造费用进行分配和账务处理。
4. 能够用年度计划分配率分配法对制造费用进行分配和账务处理。

思维导图

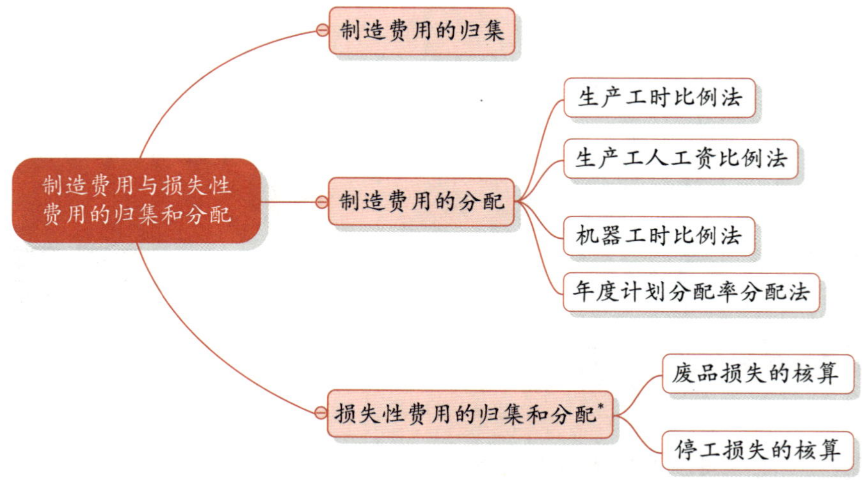
制造费用与损失性费用的归集和分配
制造费用的归集
制造费用的分配
生产工时比例法
生产工人工资比例法
机器工时比例法
年度计划分配率分配法
损失性费用的归集和分配*
废品损失的核算
停工损失的核算

任务一　制造费用的归集

一、制造费用的概念

制造费用是指制造业为生产产品和提供劳务而发生的不能直接计入产品成本的各项间接费用，包括车间管理人员工资及福利费、机物料消耗、折旧费、修理费、办公费、水电费、劳动保护费以及季节性和修理期间停工损失等。

二、制造费用的账户结构

生产车间发生的机物料消耗，借记“制造费用”科目，贷记“原材料”等科目。发生的生产车间管理人员工资等职工薪酬，借记“制造费用”科目，贷记“应付职工薪酬”科目。生产车间计提的固定资产折旧，借记“制造费用”科目，贷记“累计折旧”科目。生产车间支付的办公费、修理费、水电费等，借记“制造费用”科目，贷记“银行存款”等科目。发生季节性的停工损失，借记“制造费用”科目，贷记“原材料”“应付职工薪酬”“银行存款”等科目。

任务二　制造费用的分配

制造费用的分配方法有很多种，主要有生产工时比例法、生产工人工资比例法、机器工时比例法和年度计划分配率分配法等方法。

1. 生产工时比例法

生产工时比例法是按照各种产品所用生产工人工时的比例分配制造费用的一种方法。其计算公式如下：

制造费用分配率=制造费用总额÷车间产品生产工时总额

某种产品应分配的制造费用=该种产品生产工时×制造费用分配率

案例解析

［例 5-1］ 宏达公司基本生产车间 5 月发生的制造费用总额为 300 000 元，基本生产车间甲产品生产工时为 20 000 小时，乙产品生产工时为 10 000 小时。请按照生产工时比例法的基本原理进行制造费用分配。

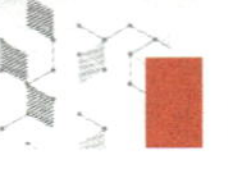

任务分析：

（1）本题中甲、乙两种产品共同耗用制造费用应选择适当的分配标准进行分配。该基本生产车间甲产品生产工时为 20 000 小时，乙产品生产工时为 10 000 小时。以下选择生产工时比例法进行分配。

（2）按照生产工时比例法分配制造费用。其计算分配的程序是：第一，计算制造费用分配率；第二，计算甲、乙两种产品应分配的制造费用。

任务实施：

制造费用分配率＝300 000÷(20 000+10 000)＝10

甲产品应分配制造费用＝20 000×10＝200 000（元）

乙产品应分配制造费用＝10 000×10＝100 000（元）

编制会计分录如下：

借：生产成本—基本生产成本—甲产品　　200 000
　　　　　　　　　　　　　—乙产品　　100 000
　　贷：制造费用　　300 000

2. 生产工人工资比例法

生产工人工资比例法是以各种产品的生产工人实际工资为标准分配制造费用的一种方法。其计算公式如下：

制造费用分配率＝制造费用总额÷车间产品生产工人工资总额

某种产品应分配的制造费用＝该种产品生产工人工资×制造费用分配率

案例解析

［例 5-2］宏达公司基本生产车间 5 月发生的制造费用总额为 300 000 元，基本生产车间甲产品生产工人工资为 8 000 元，乙产品生产工人工资为 12 000 元。请按照生产工人工资比例法的基本原理进行制造费用分配。

任务分析：

（1）本题中甲、乙两种产品共同耗用制造费用应选择适当的分配标准进行分配。该基本生产车间甲产品生产工人工资为 8 000 元，乙产品生产工人工资为 12 000 元。以下选择生产工人工资比例法进行分配。

（2）按照生产工人工资比例法分配制造费用。其计算分配的程序是：第一，计算制造费用分配率；第二，计算甲、乙两种产品应分配的制造费用。

任务实施：

制造费用分配率＝300 000÷(8 000+12 000)＝15

甲产品应分配制造费用＝8 000×15＝120 000（元）

乙产品应分配制造费用＝12 000×15＝180 000（元）

编制会计分录如下：

	借方	贷方
借：生产成本—基本生产成本—甲产品	120 000	
—乙产品	180 000	
贷：制造费用		300 000

3. 机器工时比例法

机器工时比例法是按照各种产品所耗用机器运转时间的比例分配制造费用的一种方法。其计算公式如下：

制造费用分配率＝制造费用总额÷车间产品耗用机器工时总额

某种产品应分配的制造费用＝该种产品机器工时×制造费用分配率

案例解析

［例 5-3］宏达公司基本生产车间 5 月发生的制造费用总额为 300 000 元，基本生产车间甲产品耗用的机器工时为 13 000 工时，乙产品耗用的机器工时为 17 000 工时。请按照机器工时比例法的基本原理进行制造费用分配。

任务分析：

（1）本题中甲、乙两种产品共同耗用制造费用应选择适当的分配标准进行分配。该基本生产车间甲产品耗用的机器工时为 13 000 工时，乙产品耗用的机器工时为 17 000 工时。以下选择机器工时比例法进行分配。

（2）按照机器工时比例法分配制造费用。其计算分配的程序是：第一，计算制造费用分配率；第二，计算甲、乙两种产品应分配的制造费用。

任务实施：

制造费用分配率＝300 000÷(13 000+17 000)＝10

甲产品应分配制造费用＝13 000×10＝130 000（元）

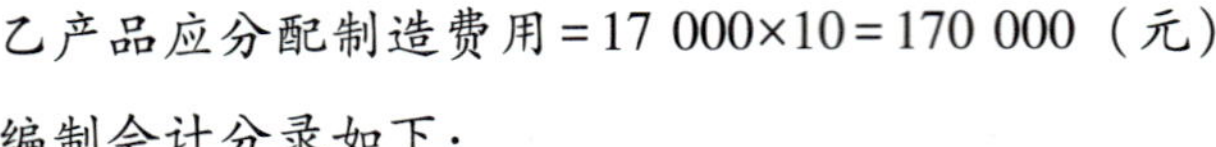

乙产品应分配制造费用＝17 000×10＝170 000（元）

编制会计分录如下：

借：生产成本—基本生产成本—甲产品　　130 000

　　　　　　　　　　　　　—乙产品　　170 000

　贷：制造费用　　300 000

4. 年度计划分配率分配法

年度计划分配率分配法是指企业在正常生产经营条件下，依据年度制造费用预算数与各种产品预计产量的相关定额标准（如生产工时、机器工时等）确定计划分配率，并以此分配制造费用的一种方法。使用年度计划分配率分配法手续简便，使单位产品负担的制造费用相对均衡。这种方法比较适用于季节性生产企业。为了保证产品成本计算的正确性，要求采用年度计划分配率分配法的企业具有比较准确的定额标准和较高的计划管理水平。其计算公式如下：

年度计划分配率＝年度制造费用计划总额÷年度各种产品计划产量的定额工时总额

某种产品应分配的制造费用＝该种产品实际产量的定额工时数×年度计划分配率

采用该方法，制造费用明细账及总账账户，不仅可能有月末余额，而且既可能有借方余额，也可能有贷方余额。借方余额表示实际发生额超过计划分配额的费用；贷方余额表示实际发生额小于计划分配额的费用。如有年末余额，一般应在年末调整计入 12 月的产品成本。实际发生额大于计划分配额时，借方登记“基本生产成本”账户，贷方登记“制造费用”账户；实际发生额小于计划分配额时，则用红字冲减（或做相反会计分录）。

案例解析

［例 5-4］宏达公司基本生产车间生产甲、乙两种产品，该车间全年制造费用计划总额为 500 000 元，甲产品全年计划生产 7 000 件，乙产品 6 500 件，甲产品工时定额为 5 小时，乙产品工时定额为 10 小时。1 月实际发生制造费用 35 000 元，当月甲产品实际产量为 400 件，乙产品 600 件。请按照年度计划分配率分配法的基本原理进行制造费用分配。如果年末，采用年度计划分配率已分配制造费用 300 000 元，其中甲产品已分配 200 000 元，乙产品已分配 100 000 元。全年实际发生制造费用 303 000 元，少分配出去的 3 000 元应如何进行调整？

任务分析：

（1）本题中甲、乙两种产品共同耗用制造费用应选择适当的分配标准进行分配。该基本生产车间全年制造费用计划总额为500 000元，甲产品全年计划生产7 000件，乙产品6 500件，甲产品工时定额为5小时，乙产品工时定额为10小时，1月实际发生制造费用35 000元，当月甲产品实际产量为400件，乙产品600件。以下选择年度计划分配率分配法进行分配。

（2）按照年度计划分配率分配法分配制造费用。其计算分配的程序是：第一，计算甲、乙两种产品年度计划产量的定额工时；第二，计算年度计划分配率。第三，计算甲、乙产品本月应负担的制造费用；第四，根据计划分配转出的制造费用填制转账凭证；第五，年末进行处理，编制调增或调减会计分录。

任务实施：

（1）甲、乙两种产品年度计划产量的定额工时

甲产品年度计划产量的定额工时＝7 000×5＝35 000（小时）

乙产品年度计划产量的定额工时＝6 500×10＝65 000（小时）

（2）年度计划分配率＝500 000÷(35 000+65 000)＝5

甲产品本月应负担的制造费用＝5×(400×5)＝10 000（元）

乙产品本月应负担的制造费用＝5×(600×10)＝30 000（元）

1月甲、乙两种产品分配的制造费用合计为40 000元。

（3）1月根据计划分配转出的制造费用填制转账凭证，编制会计分录如下：

借：生产成本—基本生产成本—甲产品　　10 000
　　　　　　　　　　　　—乙产品　　30 000
　贷：制造费用　　40 000

1月分配结转制造费用共计40 000元，比实际归集的制造费用多分配5 000元，平时不做调整，留待年末再调。

（4）年末处理

调整分配率＝3 000÷300 000＝0. 01

甲产品应调增生产成本＝0. 01×200 000＝2 000（元）

乙产品应调增生产成本＝0. 01×100 000＝1 000（元）

编制会计分录如下：

借：生产成本—基本生产成本—甲产品　　2 000
　　　　　　　　　　　　—乙产品　　1 000
　贷：制造费用　　3 000

任务三 损失性费用的归集和分配*

一、废品损失的核算

1. 废品损失的含义

生产中的废品，是指不符合规定的技术标准，不能按照原定用途使用，或者需要加工修理才能使用的在产品、半成品或产成品。不论是在生产过程中发现的废品，还是在入库后发现的废品，都应包括在内。

废品分为可修复废品和不可修复废品两种。可修复废品是指经过修理可以使用，而且所花费的修复费用在经济上合算的废品；不可修复的废品则指不能修复或者所花费的修复费用在经济上不合算的废品。

废品损失是指在生产过程中发现的和入库后发现的不可修复废品的生产成本，以及可修复废品的修复费用，扣除回收的废品残料价值和应收赔款以后的损失。但是，经质量检验部门鉴定不需要返修、可以降价出售的不合格品，产品入库后由于保管不善等原因而损坏变质的产品，以及实行“三包”企业在产品出售后发现的废品均不包括在废品损失内。

2. 废品损失的账户设置

“废品损失”科目属于费用类科目，应按车间设置明细分类账，账内按产品品种和成本项目登记废品损失的详细资料。企业在一定时期所发生的不可修复废品的报废损失和可修复废品的修复费用，都应在“废品损失”科目的借方归集；废品的残料回收价值和应收赔款，则应从该科目贷方转出；借方、贷方相抵后的差额，即废品净损失，应分配转由本月同种产品的成本负担：借记“生产成本—基本生产成本”账户，贷记“废品损失”账户。通过上述归集和分配，“废品损失”账户月末没有余额，如图 5-1 所示。

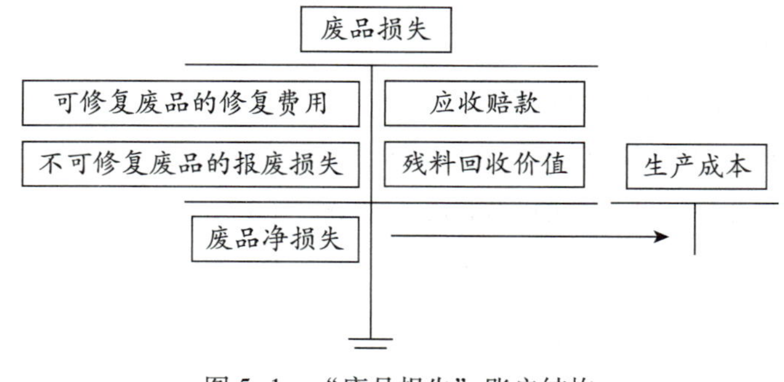

图 5-1 “废品损失”账户结构

* 该内容为选学内容。

3. 废品损失的核算方法

为单独核算废品损失，应增设“废品损失”科目，在成本项目中增设“废品损失”项目。废品损失也可不单独核算，相应费用等体现在“生产成本—基本生产成本”“原材料”等科目中。辅助生产一般不单独核算废品损失。

（1）不可修复废品损失

不可修复废品损失的生产成本，可按废品所耗实际费用计算，也可按废品所耗定额费用计算。

分配方法是在合格品与废品之间进行分配，计算出废品的实际成本。如果废品是在完工以后发现的，单位废品负担的各项生产费用应与单位合格产品完全相同，可按合格品产量和废品数量比例分配各项生产费用，计算废品的实际成本。

废品净损失=不可修复废品的生产成本-废品残料回收价值-应收赔款

1）结转不可修复废品的生产成本

借：废品损失

　　贷：生产成本-基本生产成本

2）回收不可修复废品的残料

借：原材料

　　贷：废品损失

3）应收赔款冲减废品损失

借：其他应收款

　　贷：废品损失

4）不可修复废品的净损失转入产品成本

借：生产成本-基本生产成本

　　贷：废品损失

（2）可修复废品损失

废品净损失=可修复废品的修复费用—废品残料回收价值—应收赔款

1）修复中追加发生的料、工、费

借：废品损失

　　贷：原材料

　　　　应付工资

2）回收可修复废品的残料

借：原材料

　　贷：废品损失

3）应收赔款冲减废品损失

借：其他应收款

　　贷：废品损失

4）可修复废品的净损失转入产品成本

借：生产成本-基本生产成本

　　贷：废品损失

二、停工损失的核算

停工损失是指生产车间或车间内某个班组在停工期间发生的各项费用，包括停工期内应负担的生产工人工资和福利费等薪酬费用、所耗用的燃料和动力费，以及应负担的制造费用。由过失单位或保险公司负担的赔款，应从停工损失中扣除。为了简化核算工作，停工不满一个工作日的，一般不计算停工损失。

发生停工的原因很多，可以取得赔偿的停工损失应该索赔。由于自然灾害等引起的非正常停工损失应计入营业外支出；其余停工损失，例如固定资产修理期间的停工损失，应计入产品成本。

季节性生产企业在停工期内的费用，应当采用待摊、预提的方法，由开工期内的生产成本负担，不作为停工损失。

应取得赔偿的损失，以及应计入营业外支出的损失，应从“停工损失”科目的贷方分别转入“其他应收款”和“营业外支出”科目的借方；应计入产品成本的损失，转入“基本生产成本”科目。为简化核算工作，也可以不单独核算停工损失，不设立“停工损失”会计科目和成本项目。停工期间发生的属于停工损失的各种费用，直接记入“制造费用”和“营业外支出”等科目。

辅助生产由于规模不大，为了简化核算工作，一般不单独核算停工损失。

项目小结

本项目阐述了制造费用与损失性费用的归集和分配的基本理论和方法。通过本项目的学习，要求学生熟悉制造费用的账户结构和分配方法，了解废品损失的含义及账务处理，熟练掌握制造费用归集和分配的账务处理。

本项目的重点是制造费用的计算分配。

思考与练习

1. 什么是制造费用？制造费用包括哪些费用项目？
2. 如何核算制造费用？制造费用的分配方法有哪些？
3. 什么是废品和废品损失？
4. 什么是停工损失？停工损失包括哪些内容？

项目六
生产费用在完工产品和在产品之间的归集和分配

学习目标

知识目标

1. 了解在产品和完工产品的含义以及在产品的数量核算。
2. 掌握生产费用在完工产品和在产品之间的分配方法及其适用范围。

能力目标

1. 能够分别对生产费用在完工产品和在产品之间进行分配，并能将分配结果填入产品成本计算单。
2. 能够正确做出完工产品成本结转的账务处理。

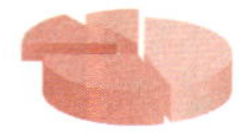

思维导图

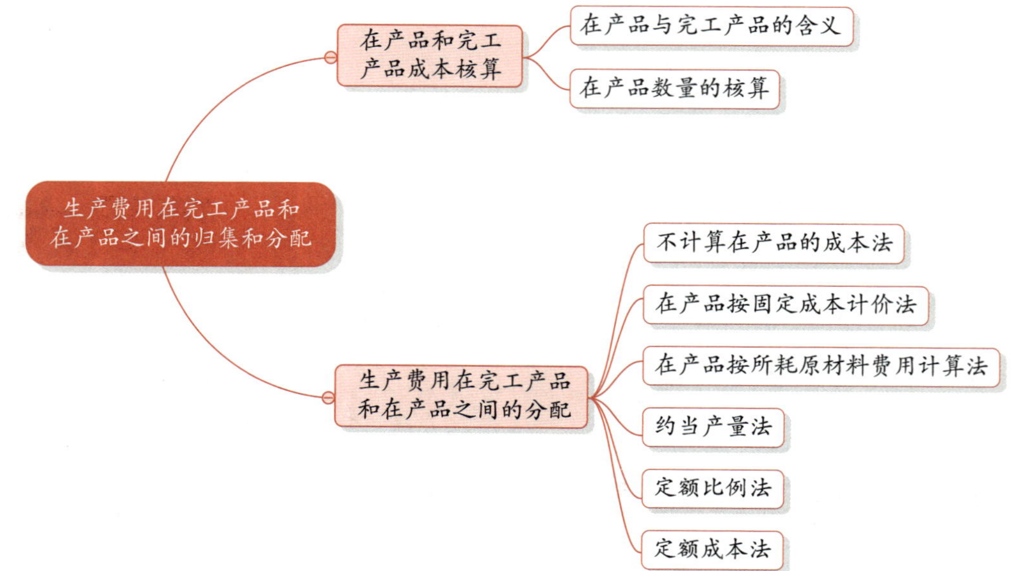
生产费用在完工产品和在产品之间的归集和分配
在产品和完工产品成本核算
在产品与完工产品的含义
在产品数量的核算
生产费用在完工产品和在产品之间的分配
不计算在产品的成本法
在产品按固定成本计价法
在产品按所耗原材料费用计算法
约当产量法
定额比例法
定额成本法

任务一　在产品和完工产品成本核算

一、在产品与完工产品的含义

1. 在产品的含义

在产品有广义和狭义之分。广义的在产品是指没有完成全部生产过程、不能作为商品销售的产品，包括各生产阶段正在加工中的在产品、需要继续加工的半成品、已经生产完工等待验收入库的产成品，以及正在返修和等待返修的可修复废品等。但已经验收入库、准备对外销售的自制半成品属于商品产品；已报废的不可修复废品属于原材料，它们不属于在产品的范围。狭义的在产品仅是对某一车间或某一生产步骤而言的，是指各车间或各生产步骤正在加工中的那部分产品，完工的半成品则不包括在内。本任务所提到的在产品是指狭义的在产品。

2. 完工产品的含义

完工产品也有广义和狭义之分。广义的完工产品不仅包括产成品，还包括已在某一生产步骤完工、继续交由下一步骤加工或交半成品仓库的半成品。狭义的完工产品是已经完成全部生产过程并验收入库，可以作为商品销售的产品。本任务所提到的完工产品是指狭义的完工产品。

本期完工产品与期末在产品的数量关系可用公式表示为：

月初在产品成本+本月生产费用=完工产品成本+月末在产品成本

二、在产品数量的核算

要确定月末在产品成本，首先要确定月末在产品的数量。在产品数量的核算应具备账面核算资料和实际盘点资料。但对于在产品品种多、数量大、每月组织在产品实地盘点确有困难的企业以及可实施盘点，但成本费用过高的企业，从重要性原则出发，可以直接根据在产品账面核算资料中所登记的结存数来计算在产品成本。在实际工作中，企业对在产品收发结存的日常核算，通常以“在产品台账”来进行，又称为在产品收发结存账，它分别以车间或生产步骤、生产工序、产品品种和在产品名称来设立，以核算在产品的收入、发出和结存情况。在产品收发结存账的格式见表 6-1。

表 6-1　在产品收发结存账

车间名称：二车间

产品名称：甲产品　　　　　　　　　　　　　　单位：件

2022 年		摘要	收入		发出			结存		备注
月	日		凭证号	数量	凭证号	合格品	废品	已完工	未完工	
11	1	结存							200	

续表

2022 年		摘要	收入		发出			结存		备注
月	日		凭证号	数量	凭证号	合格品	废品	已完工	未完工	
	6	收入		300					500	
	26	发出				350	10	50	90	
	30	结存		300		350	10	50	90	

为了加强在产品数量的核算，保证在产品的安全，企业应定期对在产品进行清查，特别是在年度决算时，应进行一次彻底全面的清查。采用实地盘点法清查后，应根据盘点结果和账面资料，编制在产品盘存报告表，列明在产品的账面数与实存数、盘盈与盘亏数，以及盘亏原因及处理意见等。对于报废和毁损的在产品，还要登记其残值。

对于在产品的盘盈、盘亏和毁损，企业应通过“待处理财产损溢—待处理流动资产损溢”账户来处理。

发生盘盈时，借记“生产成本—基本生产成本”账户，贷记“待处理财产损溢—待处理流动资产损溢”账户；批准转销时，应借记“待处理财产损溢—待处理流动资产损溢”账户，贷记“制造费用”账户。

发生盘亏和毁损时，应借记“待处理财产损溢—待处理流动资产损溢”账户，贷记“生产成本—基本生产成本”账户；毁损的在产品残值，应借记“原材料”或“银行存款”账户，贷记“待处理财产损溢—待处理流动资产损溢”账户。批准转销时，应区别不同的情况：应计入产品成本的损失，借记“制造费用”账户；自然灾害造成的非常损失，应收保险公司赔偿的部分或过失人赔偿的部分，借记“其他应收款”账户，赔偿不足的部分借记“营业外支出”账户，贷记“待处理财产损溢—待处理流动资产损溢”账户。“待处理财产损溢”账户应无余额。由于车间在产品盘盈、盘亏时，转入“制造费用”账户，因此，在产品盘盈、盘亏处理的核算，应在“制造费用”账户结账前进行。

案例解析

［例 6-1］朝阳机械有限公司二车间 2022 年 11 月在产品的账面结存为 90 件，月末对二车间进行盘点（甲产品定额成本中的单位材料成本为 35 元，原材料的增值税税率为 13%），盘点结果见表 6-2。请做出账务处理。

表 6-2　在产品盘存报告表

填制单位：二车间　　　　　　　　2022 年 11 月 30 日

产品名称	账存数量（件）	盘存数量（件）	溢缺数量（件）		定额成本（元/件）	溢缺金额（元）	
			盘盈	盘亏		盘盈	盘亏
甲产品	90	70		20	60		1 200
车间意见	收发差错，请领导批示	公司意见	盘亏部分由保管人员李天赔偿 300 元，其余由制造费用核销		溢缺原因	收发差错	

任务分析：

企业的成本会计人员应对在产品盘存报告表认真审核，按财务会计制度规定的审批程序报有关部门审批，并及时做出账务处理。

任务实施：

批准前

借：待处理财产损溢—待处理流动资产损溢　　1 291

　　贷：生产成本—基本生产成本—甲产品　　1 200

　　　　应交税费—应交增值税—进项税额转出　　91

增值税进项税额转出 $=20\times35\times13\%=91$（元）

批准后

借：其他应收款—李天　　300

　　制造费用　　991

　　贷：待处理财产损溢—待处理流动资产损溢　　1 291

任务二　生产费用在完工产品和在产品之间的分配

企业应根据生产特点、在产品数量的多少、各月在产品数量变化的大小、各项成本比重的大小，以及定额管理基础的好坏等具体条件，采用适当的分配方法将生产费用在完工产品和在产品之间进行分配。常用的分配方法有：不计算在产品的成本法、在产品按固定成本计价法、在产品按所耗原材料费用计算法、约当产量法、定额比例法、定额成本法等。

一、不计算在产品的成本法

不计算在产品的成本法是指虽然月末有结存的在产品，但月末在产品数量较少，价值很低，且各月在产品数量比较稳定的情况下，为了简化产品成本计算工作，根据重要性原则，对月末在产品成本忽略不计，将本月各产品发生的生产费用合计全部由完工产品承担。

案例解析

[例 6-2] 朝阳机械有限公司生产甲产品，甲产品月末在产品数量较少，且每月数量变化不大。11 月甲产品发生的生产费用分别为：直接材料 400 000 元，直接人工 200 000 元，制造费用 30 000 元。甲产品本月完工入库 500 件，月末在产品 10 件。请编制产品成本计算单、产成品入库单和会计分录。

任务分析：

由于月末在产品数量较少，且每月数量变化不大，所以生产费用在完工产品和在产品之间分配应采用不计算在产品的成本法。

为了简化产品成本计算工作，根据重要性原则，对月末在产品成本忽略不计，将本月各产品发生的生产费用合计全部由完工产品承担，即本月完工产品成本＝本月生产费用合计。根据产品成本计算单，对本月完工产品验收入库。

任务实施：

（1）计算完工产品成本

甲产品发生的生产费用包括：直接材料 400 000 元，直接人工 200 000 元，制造费用 30 000 元，故完工产品成本＝400 000+200 000+30 000＝630 000（元）。

（2）编制产品成本计算单，见表 6-3。

表 6-3　产品成本计算单

产品名称：甲产品　　2022 年 11 月　　单位：元

项　目	直接材料	直接人工	制造费用	合　计
本月生产费用	400 000	200 000	30 000	630 000
完工产品成本	400 000	200 000	30 000	630 000
完工产品单位成本	800	400	60	1 260

（3）根据产品成本计算单，编制产成品入库单，见表6-4。

表6-4　产成品入库单

交库单位：二车间　　　　2022年11月　　　　编号：1130211

产品名称	规格型号	计量单位	交库数量	检验结果		实收数量	金额（元）
				合格	不合格		
甲产品		件	500	500		500	630 000

交库人：　　　　　　　　库管员：

（4）根据产成品入库单，编制会计分录如下：

借：库存商品—甲产品　　　　630 000

　　贷：生产成本—基本生产成本—甲产品　　　　630 000

二、在产品按固定成本计价法

在产品按固定成本计价法是指由于某些行业（如化工行业和钢铁行业）企业生产的产品，各月末在产品数量稳定，变化不大，所以在产品按固定成本计价核算。本月完工产品成本的计算公式为：

本月完工产品成本＝月初（年初）在产品成本+本月发生生产费用-月末盘点确认的在产品成本

案例解析

［例6-3］朝阳机械有限公司生产甲产品，经测定2022年各月末在产品数量稳定，变化不大，各月末在产品总固定成本为30 000元，其中直接材料20 000元，直接人工9 000元，制造费用1 000元。11月初甲产品在产品为30件，当月投产600件，完工610件；当月发生的生产费用为770 430元，其中直接材料494 100元，直接人工240 950元，制造费用35 380元。请编制会计分录。

任务分析：

由于企业生产的产品，各月末在产品数量稳定，变化不大，且有固定成本资料，所以生产费用在完工产品和在产品之间的分配采用在产品按固定成本计价法来核算。

由于月初、月末在产品成本相等，因此本月发生的生产费用就是该月的完工产品成本。但为了避免在产品成本与实际成本相差过大，企业应当在每年年终时，对在产品进行实地盘点，根据盘点的在产品数量情况，重新计算确定本年末在产品成本和下一年度各月在产品成本。

任务实施：

（1）生产费用分配

月末在产品总固定成本＝月初在产品总固定成本＝30 000（元）

其中，直接材料为 20 000 元，直接人工为 9 000 元，制造费用为 1 000 元。

本月生产费用合计＝月初在产品成本＋本月发生的生产费用＝30 000+770 430＝800 430（元）

本月完工产品成本＝本月发生的生产费用＝494 100+240 950+35 380＝770 430（元）

本月完工产品单位成本＝770 430÷610＝1 263（元/件）

其中：

直接材料单位成本＝494 100÷610＝810（元/件）

直接人工单位成本＝240 950÷610＝395（元/件）

制造费用单位成本＝35 380÷610＝58（元/件）

（2）编制产品成本计算单，见表 6-5。

表 6-5　产品成本计算单

产品名称：甲产品　　2022 年 11 月　　单位：元

项　目	直接材料	直接人工	制造费用	合　计
月初在产品成本	20 000	9 000	1 000	30 000
本月发生的生产费用	494 100	240 950	35 380	770 430
本月生产费用合计	514 100	249 950	36 380	800 430
完工产品成本	494 100	240 950	35 380	770 430
完工产品单位成本（元/件）	810	395	58	1 263
月末在产品成本	20 000	9 000	1 000	30 000

（3）根据产品成本计算单，编制产成品入库单，见表6-6。

表6-6　产成品入库单

交库单位：二车间　　　　2022年11月　　　　编号：1130214

产品名称	规格型号	计量单位	交库数量	检验结果		实收数量	金额（元）
				合格	不合格		
甲产品		件	610	610		610	770 430

交库人：　　　　库管员：

（4）根据产成品入库单，编制会计分录如下：

借：库存商品—甲产品　　770 430

　　贷：生产成本—基本生产成本—甲产品　　770 430

三、在产品按所耗原材料费用计算法

在产品按所耗原材料费用计算法简称只计材料法，是指在确定月末在产品成本时，只计算在产品所消耗的材料费用，而人工费用与制造费用全部由当期完工产品负担的方法。有些行业（如造纸业、纺织业）企业生产的产品，产品成本结构中材料费用在成本费用总额中所占比重较大，虽然各月末在产品数量较多，变化也较大，但由于人工费用和制造费用在成本费用总额中所占比重较小，月初、月末在产品的加工费用相差也较小，对于完工产品成本计算的影响不大，因此，月末在产品可以只计算材料费用，人工费用和制造费用全部由完工产品负担。其计算公式如下：

产品单位材料成本=该产品所耗材料费用总额÷（该完工产品数量+月末在产品数量）

其中，产品所耗材料费用总额=月初在产品成本（材料费用）+本月发生的直接材料

月末在产品数量=月初在产品数量+本月投入数量-完工产品数量

本月完工产品应分配的材料费用=完工产品数量×产品单位材料成本

月末在产品成本应分配的材料费用=月末在产品数量×产品单位材料成本

或

=该产品所耗材料费用总额-本月完工产品应分配的材料费用（最好用倒挤的方法）

本月完工产品成本=本月完工产品应分配的材料费用+本月直接人工费用+本月制造费用

或

=月初在产品成本（材料费用）+本月生产费用-月末在产品成本（材料费用）

案例解析

［例 6-4］朝阳机械有限公司生产甲产品，此产品成本结构中原材料费用占总成本约 65%。2022 年 11 月初在产品成本为 25 000 元，也就是材料费用 25 000 元，11 月初在产品为 50 件。本月投产 580 件，完工 600 件；本月发生生产费用为 759 650 元，其中直接材料 488 450 元，直接人工 234 000 元，制造费用 37 200 元。原材料在生产时一次投入。请编制会计分录。

任务分析：

因为甲产品成本结构中材料费用在成本费用总额中所占比重较大，人工费用和制造费用在成本费用总额中所占比重较小，所以，月末在产品可以只计算材料费用，而人工费用和制造费用全部由完工产品负担。所以生产费用在完工产品和在产品之间的分配采用在产品按所耗原材料费用计算法来核算。

任务实施：

（1）生产费用分配

月末在产品数量=50+580−600=30（件）

产品单位材料成本=(25 000+488 450)÷(600+30)= 815（元/件）

本月完工产品应分配的材料费用=600×815=489 000（元）

月末在产品成本应分配的材料费用=(25 000+488 450)−489 000=24 450（元）

本月完工产品成本=489 000+234 000+37 200=760 200（元）

本月完工产品单位成本=760 200÷600=1 267（元/件）

其中：

直接材料单位成本=489 000÷600=815（元/件）

直接人工单位成本=234 000÷600=390（元/件）

制造费用单位成本=37 200÷600=62（元/件）

（2）编制产品成本计算单，见表 6-7。

表 6-7　产品成本计算单

产品名称：甲产品　　2022 年 11 月　　单位：元

项　目	直接材料	直接人工	制造费用	合　计
月初在产品成本	25 000			25 000

续表

项　目	直接材料	直接人工	制造费用	合　计
本月生产费用	488 450	234 000	37 200	759 650
本月生产费用合计	513 450	234 000	37 200	784 650
产品单位材料成本（元/件）	815			
完工产品成本	489 000	234 000	37 200	760 200
完工产品单位成本（元/件）	815	390	62	1 267
月末在产品成本	24 450			24 450

（3）根据产品成本计算单，编制产成品入库单，见表6-8。

表6-8　产成品入库单

交库单位：二车间　　2022年11月　　编号：1130224

产品名称	规格型号	计量单位	交库数量	检验结果		实收数量	金额（元）
				合格	不合格		
甲产品		件	600	600		600	760 200

交库人：　　库管员：

（4）根据产成品入库单，编制会计分录如下：

借：库存商品—甲产品　　760 200

　　贷：生产成本—基本生产成本—甲产品　　760 200

四、约当产量法

约当产量法是将月末在产品数量按其完工程度折算成相当于完工产品的产量，即为约当产量，然后将产品应负担的全部成本按照完工产品产量与月末在产品约当产量的比例分配计算完工产品成本和月末在产品成本。这种方法适用于月末在产品数量较多，各月在产品数量变化也较大的，且生产成本中直接材料成本和直接人工等加工成本的比重相差不大的产品成本计算。

1. 单步骤生产，原材料开始生产时一次性投入

原材料在生产时一次性投入，投料程度达到100%，原材料费用分配时月末在产品约当产量=月末在产品数量×100%，其他成本项目（直接人工和制造费用）月末在

产品约当产量=月末在产品数量×在产品完工程度（一般为50%）。

案例解析

［例6-5］朝阳机械有限公司生产丁产品，2022年11月完工产品2 000件，月末在产品500件；材料在开始生产时一次性投入，其他成本按约当产量比例分配。2022年11月初在产品为400件，在产品成本为58 800元，其中直接材料50 000元，直接人工5 200元，制造费用3 600元。当月投产2 100件，当月发生生产费用为311 500元，其中直接材料273 000元，直接人工19 500元，制造费用19 000元。请编制会计分录。

任务分析：

由于丁产品是单步骤生产，原材料是在开始生产时一次性投入，其他成本按约当产量比例50%进行分配。

任务实施：

（1）直接材料的分配

月末在产品直接材料项目约当产量=500×100%=500（件）

原材料分配率=(50 000+273 000)÷(2 000+500)=129.2

本月完工产品应分配的直接材料=2 000×129.2=258 400（元）

月末在产品应分配的原材料=500×129.2=64 600（元）

（2）直接人工的分配

月末在产品直接人工项目约当产量=500×50%=250（件）

直接人工分配率=(5 200+19 500)÷(2 000+250)≈10.98

本月完工产品应分配的直接人工=2 000×10.98=21 960（元）

月末在产品应分配的直接人工=24 700−21 960=2 740（元）

（3）制造费用的分配

月末在产品制造费用项目约当产量=500×50%=250（件）

制造费用分配率=(3 600+19 000)÷(2 000+250)≈10.04

本月完工产品应分配的制造费用=2 000×10.04=20 080（元）

月末在产品应分配的制造费用=22 600−20 080=2 520（元）

（4）计算完工产品成本和月末在产品成本

本月完工产品成本=258 400+21 960+20 080=300 440（元）

月末在产品成本=64 600+2 740+2 520=69 860（元）

（5）编制产品成本计算单，见表6-9。

表6-9 产品成本计算单

产品名称：丁产品　　2022年11月　　单位：元

项　目	直接材料	直接人工	制造费用	合　计
月初在产品成本	50 000	5 200	3 600	58 800
本月生产费用	273 000	19 500	19 000	311 500
本月生产费用合计	323 000	24 700	22 600	370 300
本月完工产品产量（件）	2 000	2 000	2 000	
月末在产品约当产量（件）	500	250	250	
约当总量（件）	2 500	2 250	2 250	
费用分配率	129.2	10.98	10.04	150.22
完工产品成本	258 400	21 960	20 080	300 440
月末在产品成本	64 600	2 740	2 520	69 860

（6）根据产品成本计算单，编制产成品入库单，见表6-10。

表6-10 产成品入库单

交库单位：二车间　　2022年11月　　编号：1130356

产品名称	规格型号	计量单位	交库数量	检验结果		实收数量	金额（元）
				合格	不合格		
丁产品		件	2 000	2 000		2 000	300 440

交库人：　　库管员：

（7）根据产成品入库单，编制会计分录如下：

借：库存商品—丁产品　　300 440

　　贷：生产成本—基本生产成本—丁产品　　300 440

2. 多道加工工序，材料在每道工序开始生产时一次性投入

（1）分配直接材料成本项目时在产品约当产量的计算

某工序投料程度=（在产品上道工序累计投入材料+在产品本工序投入材料）÷单位完

工产品应投入材料费用

某工序在产品约当产量=该工序在产品数量×该工序投料程度

（2）分配其他成本项目（直接人工和制造费用）时在产品约当产量的计算

某工序在产品完工率=(以前各工序工时定额之和+本工序工时定额×在产品在本工序的加工程度)÷完工产品工时定额

某工序在产品约当产量=该工序在产品数量×该工序在产品完工率

为了简化工作，在产品在各工序的加工程度一般为50%。

（3）计算费用分配率

直接材料分配率=(月初在产品直接材料+本月实际投入的直接材料)÷(完工产品产量+月末在产品直接材料约当产量)

直接人工分配率=(月初在产品直接人工+本月实际投入的直接人工)÷(完工产品产量+月末在产品直接人工约当产量)

制造费用分配率=(月初在产品制造费用+本月实际投入的制造费用)÷(完工产品产量+月末在产品制造费用约当产量)

（4）计算完工产品成本和月末在产品成本

本月完工产品某成本项目应分配的费用=本月完工产品产量×该成本项目的费用分配率

月末在产品某成本项目应分配的费用=月末在产品约当产量×该成本项目的费用分配率

或

=该成本项目月初在产品成本+该成本项目本月发生的生产费用-本月完工产品该成本项目应分配的费用

案例解析

［例6-6］朝阳机械有限公司生产丁产品，按顺序经过三道加工工序，各工序月末在产品完工程度均为50%。2022年11月完工产品2 000件，月末在产品500件；材料在每道工序开始生产时一次性投入，其他成本按加工程度50%计算在产品约当产量来分配。2022年11月初在产品为400件，在产品成本为58 800元，其中直接材料50 000元，直接人工5 200元，制造费用3 600元。当月投产2 100件，当月发生生产费用为311 500元，其中直接材料273 000元，直接人工19 500元，制造费用19 000元。月末在产品数量及定额消耗资料见表6-11。请编制会计分录。

表 6-11　月末在产品数量及定额消耗资料

工序	月末在产品数量（件）	单位产品材料消耗定额（千克）	单位产品工时消耗定额（小时）
第一道工序	240	65	9
第二道工序	100	20	6
第三道工序	160	15	5
合　计	500	100	20

任务分析：

由于丁产品是按顺序经过三道加工工序，材料在每道工序开始生产时一次性投入，其他成本按加工程度50%计算在产品约当产量。

任务实施：

（1）分配直接材料成本项目时在产品约当产量的计算

各工序在产品的投料程度

第一道工序在产品的投料程度＝65÷100×100%＝65%

第二道工序在产品的投料程度＝(65+20)÷100×100%＝85%

第三道工序在产品的投料程度＝(65+20+15)÷100×100%＝100%

各工序在产品约当产量

第一道工序在产品的约当产量＝240×65%＝156（件）

第二道工序在产品的约当产量＝100×85%＝85（件）

第三道工序在产品的约当产量＝160×100%＝160（件）

月末在产品直接材料约当产量＝156+85+160＝401（件）

（2）分配其他成本项目（直接人工和制造费用）时在产品约当产量的计算

第一道工序在产品其他成本项目（直接人工和制造费用）完工率＝(9×50%)÷20×100%＝22. 5%

第二道工序在产品其他成本项目（直接人工和制造费用）完工率＝(9+6×50%)÷20×100%＝60%

第三道工序在产品其他成本项目（直接人工和制造费用）完工率＝(9+6+5×50%)÷20×100%＝87. 5%

各工序在产品约当产量

第一道工序在产品的约当产量＝240×22. 5%＝54（件）

第二道工序在产品的约当产量＝100×60%＝60（件）

第三道工序在产品的约当产量=160×87.5%=140（件）

在产品约当产量=54+60+140=254（件）

（3）计算费用分配率

直接材料分配率=(50 000+273 000)÷(2 000+401)≈134.53

直接人工分配率=(5 200+19 500)÷(2 000+254)≈10.96

制造费用分配率=(3 600+19 000)÷(2 000+254)≈10.03

（4）计算完工产品成本和在产品成本

完工产品应分配的直接材料=2 000×134.53=269 060（元）

完工产品应分配的直接人工=2 000×10.96=21 920（元）

完工产品应分配的制造费用=2 000×10.03=20 060（元）

完工产品成本=269 060+21 920+20 060=311 040（元）

月末在产品应分配的直接材料=(50 000+273 000)−269 060=53 940（元）

月末在产品应分配的直接人工=(5 200+19 500)−21 920=2 780（元）

月末在产品应分配的制造费用=(3 600+19 000)−20 060=2 540（元）

月末在产品成本=53 940+2 780+2 540=59 260（元）

（5）编制产品成本计算单，见表6-12。

表6-12　产品成本计算单

产品名称：丁产品　　　　2022年11月　　　　单位：元

项　目	直接材料	直接人工	制造费用	合　计
月初在产品成本	50 000	5 200	3 600	58 800
本月生产费用	273 000	19 500	19 000	311 500
本月生产费用合计	323 000	24 700	22 600	370 300
本月完工产品产量（件）	2 000	2 000	2 000	
月末在产品约当产量（件）	401	254	254	
约当总量（件）	2 401	2 254	2 254	
费用分配率	134.53	10.96	10.03	155.52
完工产品成本	269 060	21 920	20 060	311 040
月末在产品成本	53 940	2 780	2 540	59 260

（6）根据产品成本计算单，编制产成品入库单，见表6-13。

表6-13 产成品入库单

交库单位：二车间　　　　2022年11月　　　　编号：1130458

产品名称	规格型号	计量单位	交库数量	检验结果		实收数量	金额（元）
				合格	不合格		
丁产品		件	2 000	2 000		2 000	311 040

交库人：　　　　库管员：

（7）根据产成品入库单，编制会计分录如下：

借：库存商品—丁产品　　311 040

　贷：生产成本—基本生产成本—丁产品　　311 040

3. 多道加工工序，材料在每道工序开始后陆续投入

（1）分配直接材料成本项目时在产品约当产量的计算

某工序投料程度=(在产品上道工序累计投入材料+在产品本工序投入材料×50%)÷单位完工产品应投入材料费用

某工序在产品约当产量=该工序在产品数量×该工序投料程度

（2）分配其他成本项目（直接人工和制造费用）时在产品约当产量的计算

某工序在产品完工率=(以前各工序工时定额之和+本工序工时定额×在产品在本工序的加工程度)÷完工产品工时定额

某工序在产品约当产量=该工序在产品数量×该工序在产品完工率

为了简化工作，在产品在各工序的加工程度一般为50%。

（3）计算费用分配率

直接材料分配率=(月初在产品直接材料+本月实际投入的直接材料)÷(完工产品产量+月末在产品直接材料约当产量)

直接人工分配率=(月初在产品直接人工+本月实际投入的直接人工)÷(完工产品产量+月末在产品直接人工约当产量)

制造费用分配率=(月初在产品制造费用+本月实际投入的制造费用)÷(完工产品产量+月末在产品制造费用约当产量)

（4）计算完工产品成本和月末在产品成本

本月完工产品某成本项目应分配的费用＝本月完工产品产量×该成本项目的费用分配率

月末在产品某成本项目应分配的费用＝月末在产品约当产量×该成本项目的费用分配率

或

＝该成本项目月初在产品成本＋该成本项目本月发生的生产费用－本月完工产品该成本项目应分配的费用

案例解析

［例 6-7］朝阳机械有限公司生产丁产品，按顺序经过三道加工工序，各工序月末在产品完工程度均为 50%。2022 年 11 月完工产品 2 000 件，月末在产品 500 件；材料在每道工序开始后陆续投入，其他成本按加工程度 50%计算在产品约当产量来分配。2022 年 11 月初在产品为 400 件，在产品成本为 58 800 元，其中直接材料 50 000 元，直接人工 5 200 元，制造费用 3 600 元。当月投产 2 100 件，当月发生生产费用为 311 500 元，其中直接材料 273 000 元，直接人工 19 500 元，制造费用 19 000 元。月末在产品数量及定额消耗资料见表 6-14。请编制会计分录。

表 6-14　月末在产品数量及定额消耗资料

工序	月末在产品数量（件）	单位产品材料消耗定额（千克）	单位产品工时消耗定额（小时）
第一道工序	240	65	9
第二道工序	100	20	6
第三道工序	160	15	5
合　计	500	100	20

任务分析：

由于丁产品是按顺序经过三道加工工序，材料在每道工序开始后陆续投入，其他成本按加工程度 50%计算在产品约当产量。

任务实施：

（1）分配直接材料成本项目时在产品约当产量的计算

各工序在产品的投料程度

第一道工序在产品的投料程度=65×50%÷100×100%=32.5%

第二道工序在产品的投料程度=(65+20×50%)÷100×100%=75%

第三道工序在产品的投料程度=(65+20+15×50%)÷100×100%=92.5%

各工序在产品约当产量

第一道工序在产品的约当产量=240×32.5%=78（件）

第二道工序在产品的约当产量=100×75%=75（件）

第三道工序在产品的约当产量=160×92.5%=148（件）

月末在产品直接材料约当产量=78+75+148=301（件）

（2）分配其他成本项目（直接人工和制造费用）时在产品约当产量的计算

分配其他成本项目（直接人工和制造费用）时，在产品约当产量计算过程与例6-6相应内容完全相同，所以月末在产品约当产量=54+60+140=254（件）

（3）计算费用分配率

直接材料分配率=(50 000+273 000)÷(2 000+301)≈140.37

直接人工分配率=(5 200+19 500)÷(2 000+254)≈10.96

制造费用分配率=(3 600+19 000)÷(2 000+254)≈10.03

（4）计算完工产品成本和在产品成本

完工产品应分配的直接材料=2 000×140.37=280 740（元）

完工产品应分配的直接人工=2 000×10.96=21 920（元）

完工产品应分配的制造费用=2 000×10.03=20 060（元）

完工产品成本=280 740+21 920+20 060=322 720（元）

月末在产品应分配的直接材料=(50 000+273 000)-280 740=42 260（元）

月末在产品应分配的直接人工=(5 200+19 500)-21 920=2 780（元）

月末在产品应分配的制造费用=(3 600+19 000)-20 060=2 540（元）

月末在产品成本=42 260+2 780+2 540=47 580（元）

（5）编制产品成本计算单，见表6-15。

表6-15　产品成本计算单

产品名称：丁产品　　2022年11月　　单位：元

项　目	直接材料	直接人工	制造费用	合　计
月初在产品成本	50 000	5 200	3 600	58 800
本月生产费用	273 000	19 500	19 000	311 500
本月生产费用合计	323 000	24 700	22 600	370 300

续表

项　目	直接材料	直接人工	制造费用	合　计
本月完工产品产量（件）	2 000	2 000	2 000	
月末在产品约当产量（件）	301	254	254	
约当总量（件）	2 301	2 254	2 254	
费用分配率	140. 37	10. 96	10. 03	161. 36
完工产品成本	280 740	21 920	20 060	322 720
月末在产品成本	42 260	2 780	2 540	47 580

（6）根据产品成本计算单，编制产成品入库单，见表 6-16。

表 6-16　产成品入库单

交库单位：二车间　　　　2022 年 11 月　　　　编号：1130356

产品名称	规格型号	计量单位	交库数量	检验结果		实收数量	金额（元）
				合格	不合格		
丁产品		件	2 000	2 000		2 000	322 720

交库人：　　　　　　　　库管员：

（7）根据产成品入库单，编制会计分录如下：

借：库存商品—丁产品　　　　322 720

　　贷：生产成本—基本生产成本—丁产品　　　　322 720

五、定额比例法

定额比例法是指在确定完工产品与月末在产品定额成本的基础上，按实际生产费用与定额总成本的比例分别确定完工产品与月末在产品实际成本的方法。其特点是按照各自生产费用合计占完工产品与月末在产品定额的比例进行分配，确定各自应负担的生产费用。这种方法适用于各种产品成本定额标准比较准确、各项消耗定额比较稳定、月末在产品数量较多且数量变化较大的产品成本计算。这种方法的优点是解决了定额成本法中将在产品实际成本与定额成本之间的差额计入完工产品成本中，可能造成完工产品成本计算不正确的问题。

1. 计算完工产品与月末在产品定额成本

完工产品直接材料（或直接人工、制造费用）定额成本=完工产品数量×单位完工产

品定额材料费用（或直接人工、制造费用）的工时

月末在产品直接材料（或直接人工、制造费用）定额成本=月末在产品数量×单位月末在产品定额材料费用（或直接人工、制造费用）的工时

直接人工和制造费用的定额成本一般也用工时来表示。

2. 计算定额成本分配率

直接材料（或直接人工、制造费用）定额成本分配率=[月初在产品的直接材料(或直接人工、制造费用)+本月投入的直接材料（或直接人工、制造费用）]÷[完工产品直接材料（或直接人工、制造费用）定额成本+月末在产品直接材料（或直接人工、制造费用）定额成本]

3. 计算完工产品实际成本和单位成本及月末在产品实际成本

完工产品应分配的直接材料（或直接人工、制造费用）=完工产品直接材料（或直接人工、制造费用）定额成本×直接材料（或直接人工、制造费用）定额成本分配率

或

=月初在产品的直接材料（或直接人工、制造费用）+本月投入的直接材料（或直接人工、制造费用）-月末在产品应分配的直接材料（或直接人工、制造费用）（倒挤的方法）

完工产品实际成本=完工产品应分配的直接材料+完工产品应分配的直接人工+完工产品应分配的制造费用

完工产品单位成本=完工产品实际成本÷完工产品数量

月末在产品应分配的直接材料（或直接人工、制造费用）=月末在产品直接材料（或直接人工、制造费用）定额成本×直接材料（或直接人工、制造费用）定额成本分配率

月末在产品实际成本=月末在产品应分配的直接材料+月末在产品应分配的直接人工+月末在产品应分配的制造费用

案例解析

[例 6-8] 朝阳机械有限公司生产甲产品，2022 年 11 月完工产品 595 件，原材料费用定额为 810 元/件，工时定额为 40 小时/件；月末在产品 450 件，原材料费用定额为 620 元/件，工时定额为 20 小时/件。2022 年 11 月初在产品为 300 件，在产品成本为 207 000 元，其中直接材料 186 000 元，直接人工 15 000 元，制造费用 6 000 元。当

月投产745件，当月发生生产费用为751 405元，其中直接材料651 045元，直接人工67 000元，制造费用33 360元。请编制会计分录。

任务分析：

由于甲产品的完工产品和月末在产品均有标准的成本定额，各项消耗定额比较稳定、月末在产品数量较多且数量变化较大，所以生产费用在完工产品和在产品之间的分配采用定额比例法核算。

任务实施：

（1）计算完工产品与月末在产品定额成本

完工产品直接材料定额成本＝595×810＝481 950（元）

月末在产品直接材料定额成本＝450×620＝279 000（元）

完工产品定额工时＝595×40＝23 800（小时）

月末在产品定额工时＝450×20＝9 000（小时）

（2）计算定额成本分配率

直接材料定额成本分配率＝(186 000+651 045)÷(481 950+279 000)＝1. 1

直接人工定额成本分配率＝(15 000+67 000)÷(23 800+9 000)＝2. 5

制造费用定额成本分配率＝(6 000+33 360)÷(23 800+9 000)＝1. 2

（3）计算当月完工产品实际成本和单位成本及月末在产品实际成本

完工产品应分配的直接材料＝481 950×1. 1＝530 145（元）

完工产品应分配的直接人工＝23 800×2. 5＝59 500（元）

完工产品应分配的制造费用＝23 800×1. 2＝28 560（元）

完工产品实际成本＝530 145+59 500+28 560＝618 205（元）

完工产品单位成本＝618 205÷595＝1 039（元/件）

月末在产品应分配的直接材料＝279 000×1. 1＝306 900（元）

月末在产品应分配的直接人工＝9 000×2. 5＝22 500（元）

月末在产品应分配的制造费用＝9 000×1. 2＝10 800（元）

月末在产品实际成本＝306 900+22 500+10 800＝340 200（元）

（4）编制产品成本计算单，见表6-17。

表6-17 产品成本计算单

产品名称：甲产品　　2022年11月　　单位：元

项　目	直接材料	直接人工	制造费用	合　计
月初在产品成本	186 000	15 000	6 000	207 000
本月生产费用	651 045	67 000	33 360	751 405

续表

项　目		直接材料	直接人工	制造费用	合　计
本月生产费用合计		837 045	82 000	39 360	958 405
定额成本（定额工时）	完工产品	481 950	23 800	23 800	
	月末在产品	279 000	9 000	9 000	
定额成本分配率		1.1	2.5	1.2	
费用分配	完工产品成本	530 145	59 500	28 560	618 205
	月末在产品成本	306 900	22 500	10 800	340 200

（5）根据产品成本计算单，编制产成品入库单，见表6-18。

表6-18　产成品入库单

交库单位：二车间　　　　2022年11月　　　　编号：1130226

产品名称	规格型号	计量单位	交库数量	检验结果		实收数量	金额（元）
				合格	不合格		
甲产品		件	595	595		595	618 205

交库人：　　　　　　　　库管员：

（6）根据产成品入库单，编制会计分录如下：

借：库存商品—甲产品　　618 205

　　贷：生产成本—基本生产成本—甲产品　　618 205

六、定额成本法

定额成本法又称定额计算法，是根据月末在产品数量和单位定额成本计算月末在产品成本，然后通过倒挤确定当月完工产品成本的方法。这种方法适用于月末在产品数量较少且数量变化不大、定额成本比较准确、消耗定额相对稳定的产品成本计算。其计算公式如下：

月末在产品直接材料定额成本=月末在产品数量×材料消耗定额×材料计划单价

或

=月末在产品数量×单位在产品定额材料费用

月末在产品直接人工定额成本=月末在产品数量×工时定额×计划小时工资率

或

=月末在产品定额工时×单位在产品定额人工费用

月末在产品制造费用定额成本=月末在产品数量×工时定额×计划小时费用率

或

=月末在产品定额工时×单位在产品定额制造费用

月末在产品定额成本=月末在产品直接材料定额成本+月末在产品直接人工定额成本+月末在产品制造费用定额成本

或

=月末在产品数量×在产品定额单位成本

本月完工产品成本=月初在产品成本+本月发生的生产费用-月末在产品定额成本

案例解析

[例 6-9] 朝阳机械有限公司生产丙产品，原材料于生产开始时一次投入，2022 年 11 月完工产品 605 件，月末在产品 35 件，月末在产品的原材料消耗定额为 30 千克，材料计划单价为 10 元/千克，单位在产品工时定额为 20 小时，人工费用定额为 12 元/小时，制造费用定额为 4 元/小时。2022 年 11 月初在产品为 50 件，在产品成本为 31 000 元，其中直接材料 15 000 元，直接人工 12 000 元，制造费用 4 000 元。当月投产 590 件，当月发生生产费用为 369 930 元，其中直接材料 182 900 元，直接人工 142 780 元，制造费用 44 250 元。请编制会计分录。

任务分析：

由于月末在产品数量较少且数量变化不大、定额成本比较准确、消耗定额相对稳定，所以生产费用在完工产品和月末在产品之间分配采用定额成本法核算。

任务实施：

（1）月末在产品定额成本

月末在产品直接材料定额成本=35×30×10=10 500（元）

月末在产品直接人工定额成本=35×20×12=8 400（元）

月末在产品制造费用定额成本=35×20×4=2 800（元）

月末在产品定额成本=10 500+8 400+2 800=21 700（元）

（2）本月完工产品成本

完工产品直接材料=15 000+182 900-10 500=187 400（元）

完工产品直接人工=12 000+142 780-8 400=146 380（元）

完工产品制造费用=4 000+44 250-2 800=45 450（元）

本月完工产品成本＝187 400+146 380+45 450＝379 230（元）

（3）编制产品成本计算单，见表6–19。

表6–19　产品成本计算单

产品名称：丙产品　　2022年11月　　单位：元

项　目	直接材料	直接人工	制造费用	合　计
月初在产品成本	15 000	12 000	4 000	31 000
本月生产费用	182 900	142 780	44 250	369 930
本月生产费用合计	197 900	154 780	48 250	400 930
月末在产品定额成本	10 500	8 400	2 800	21 700
完工产品成本	187 400	146 380	45 450	379 230

（4）根据产品成本计算单，编制产成品入库单，见表6–20。

表6–20　产成品入库单

交库单位：二车间　　2022年11月　　编号：1130443

产品名称	规格型号	计量单位	交库数量	检验结果		实收数量	金额（元）
				合格	不合格		
丙产品		件	605	605		605	379 230

交库人：　　库管员：

（5）根据产成品入库单，编制会计分录如下：

借：库存商品—丙产品　　379 230

　贷：生产成本—基本生产成本—丙产品　　379 230

项目小结

本项目阐述了生产费用在完工产品和在产品之间的归集和分配。通过本项目的学习，要求学生掌握生产费用在完工产品和在产品之间的分配方法及各种方法的适用范围，熟练掌握完工产品结转入库的账务处理。

本项目的重点是约当产量法及其账务处理，难点是定额比例法及其账务处理。

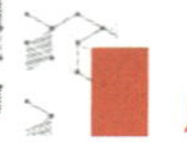

思考与练习

1. 简述广义在产品的含义。
2. 生产费用在完工产品与月末在产品之间进行分配的方法有哪几种？
3. 什么是约当产量法？其适用范围是什么？
4. 定额比例法适用范围是什么？其优点是什么？
5. 定额比例法和定额成本法的相同点是什么？区别又是什么？

项目七
产品成本计算的基本方法

学习目标

知识目标

1. 理解产品成本计算的品种法的概念及适用范围。
2. 理解产品成本计算的分批法的概念及适用范围。
3. 理解产品成本计算的分步法的概念及适用范围。

能力目标

1. 能够运用品种法进行成本核算。
2. 能够运用分批法进行成本核算。
3. 能够运用分步法进行成本核算。

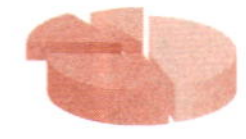

思维导图

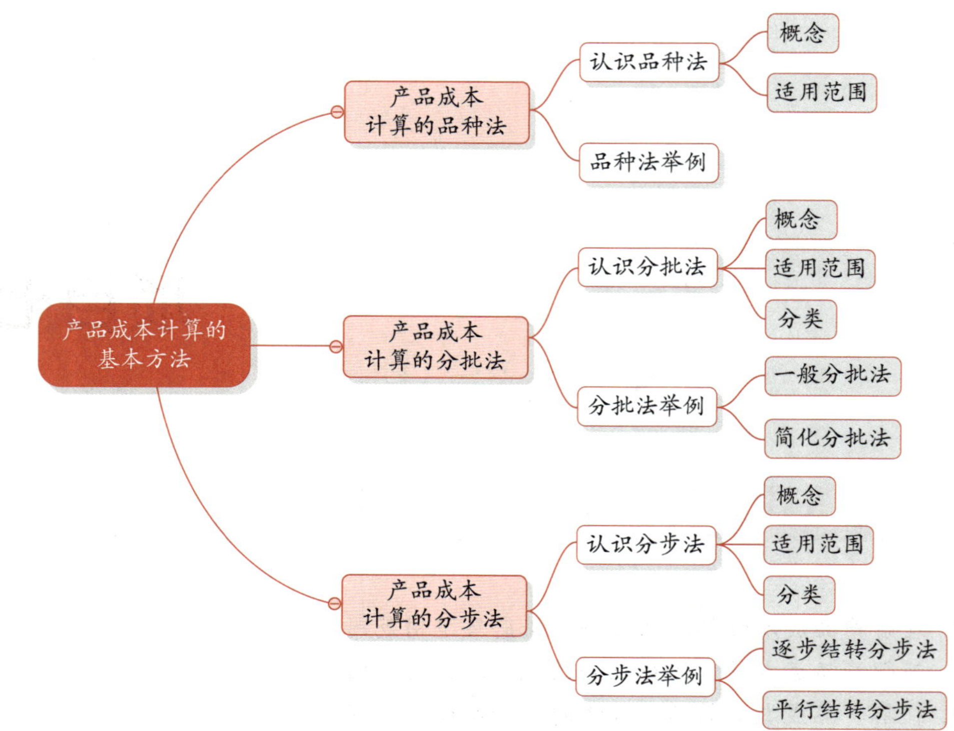
产品成本计算的基本方法
产品成本计算的品种法
认识品种法
概念
适用范围
品种法举例
产品成本计算的分批法
认识分批法
概念
适用范围
分类
分批法举例
一般分批法
简化分批法
产品成本计算的分步法
认识分步法
概念
适用范围
分类
分步法举例
逐步结转分步法
平行结转分步法

任务一　产品成本计算的品种法

一、认识品种法

1. 概念

产品成本计算的品种法亦称简单法或简易成本计算法，是以产品品种为成本计算对象来归集生产费用，计算产品成本的方法。它是工业企业计算产品成本的基本方法之一。

品种法以产品品种作为成本计算对象，并据以设置产品成本明细账来归集生产费用和计算产品成本。如果企业生产的产品不止一种，就需要以每一种产品作为成本计算对象，分别设置产品成本明细账。

2. 适用范围

品种法适用于大量大批的单步骤生产或管理上不要求分步骤计算成本的复杂生产，如发电、供水、采掘等，主要包括：

（1）大量大批的单步骤生产的企业。

（2）企业规模较小且管理上又不要求提供各步骤的成本资料的大量大批多步骤生产的企业。

（3）企业的辅助生产车间。

二、品种法举例

案例解析

［例 7-1］某企业设有一个基本生产车间，大量生产甲、乙两种产品，其生产工艺过程属于单步骤生产。根据其生产特点和管理要求，确定采用品种法计算产品成本。该企业还设有机修和运输两个辅助生产车间。基本生产成本明细账设置“直接材料”“直接燃料和动力”“直接人工”和“制造费用”四个成本项目。“制造费用”核算基本生产车间发生的间接费用。本例中机修车间和运输车间由于提供产品和服务单一，发生的间接费用直接计入“辅助生产成本”。

2022 年 6 月基本生产车间领用材料 60 000 元，其中直接用于甲产品的 A 材料 20 000 元，直接用于乙产品的 B 材料 15 000 元，甲、乙产品共同耗用的 C 材料 20 000 元（按甲、乙产品的定额消耗量比例进行分配，甲产品的定额消耗量为 3 000 千克，乙产品的定额消耗量为 2 000 千克），车间耗用的消耗性材料 5 000 元，辅助生产车间领料 5 000 元，共计 65 000 元。

要求：计算产品成本，填列各项费用分配表，编制会计分录。

任务分析：

本题中甲、乙两种产品共同耗用C材料20 000元，甲产品的定额消耗量为3 000千克，乙产品的定额消耗量为2 000千克，按甲、乙产品的定额消耗量比例计算分配材料费用。

定额消耗量分配率的计算公式如下：

定额消耗量分配率=共同消耗量金额÷(甲产品定额消耗量+乙产品定额消耗量)

任务实施：

原材料分配计算如下：

定额消耗量分配率=20 000÷(3 000+2 000)=4

甲产品共耗用材料=3 000×4+20 000=32 000（元）

乙产品共耗用材料=2 000×4+15 000=23 000（元）

编制会计分录如下：

借：基本生产成本—甲产品　　32 000

　　　　　　　　—乙产品　　23 000

　　制造费用　　5 000

　　辅助生产成本　　5 000

　　贷：原材料　　65 000

原材料费用分配情况见表7-1。

表7-1　原材料费用分配表

应借科目		直接计入金额（元）	分配计入			合　计（元）
			定额消耗量（千克）	分配率	分配金额（元）	
基本生产成本	甲产品	20 000	3 000	4	12 000	32 000
	乙产品	15 000	2 000		8 000	23 000
	小　计	35 000	5 000		20 000	55 000
辅助生产成本	机修车间	5 000				5 000
	运输车间					
制造费用		5 000				5 000
合　计		45 000			20 000	65 000

案例解析

[例 7-2] 沿用例 7-1 的资料，基本生产车间的职工薪酬为 24 000 元（按甲、乙产品耗用生产工时比例进行分配，甲产品的生产工时为 5 000 小时，乙产品的生产工时为 3 000 小时），管理人员工资为 4 000 元；辅助生产车间的职工工资为 6 000 元，管理人员工资为 2 000 元；共计 36 000 元。请计算工资费用分配。

任务分析：

根据本题中基本生产车间生产甲、乙两种产品的职工薪酬，按生产工时比例计算分配工资费用。生产工时分配率的计算公式如下：

生产工时分配率＝基本生产车间职工工资÷(甲产品生产工时+乙产品生产工时)

“制造费用”核算基本生产车间发生的间接费用，本题中机修车间和运输车间由于提供产品和服务单一，发生的间接费用直接计入“辅助生产成本”。故基本生产车间管理人员工资 4 000 元归集计入“制造费用”；辅助生产车间的职工工资为 6 000 元，管理人员工资为 2 000 元，归集计入“辅助生产成本”。

任务实施：

工资费用分配计算如下：

生产工时分配率＝24 000÷(5 000+3 000)＝3

甲产品负担的工资＝5 000×3＝15 000（元）

乙产品负担的工资＝3 000×3＝9 000（元）

编制会计分录如下：

借：基本生产成本—甲产品	15 000	
—乙产品	9 000	
制造费用	4 000	
辅助生产成本	8 000	
贷：应付职工薪酬		36 000

职工薪酬分配情况见表 7-2。

表 7-2 职工薪酬分配表

<table>
<tr><th colspan="2" rowspan="2">应借科目</th><th rowspan="2">工资总额
（元）</th><th colspan="2">职工薪酬分配</th><th rowspan="2">职工薪酬
分配金额
（元）</th></tr>
<tr><th>生产工时
（小时）</th><th>分配率</th></tr>
<tr><td rowspan="3">基本生产成本</td><td>甲产品</td><td rowspan="2">24 000</td><td>5 000</td><td rowspan="2">3</td><td>15 000</td></tr>
<tr><td>乙产品</td><td>3 000</td><td>9 000</td></tr>
<tr><td>小　计</td><td>24 000</td><td>8 000</td><td></td><td>24 000</td></tr>
<tr><td rowspan="2">辅助生产成本</td><td>机修车间</td><td rowspan="2">8 000</td><td></td><td></td><td rowspan="2">8 000</td></tr>
<tr><td>运输车间</td><td></td><td></td></tr>
<tr><td colspan="2">制造费用</td><td>4 000</td><td></td><td></td><td>4 000</td></tr>
<tr><td colspan="2">合　计</td><td>36 000</td><td></td><td></td><td>36 000</td></tr>
</table>

案例解析

［例 7-3］基本生产车间月初在用固定资产原值为 120 000 元，月末在用固定资产原值为 150 000 元；辅助生产车间月初、月末在用固定资产原值均为 50 000 元；按月折旧率 1%计提折旧。请计算分配折旧费用。

任务分析：根据本题资料，按照固定资产折旧率计算分配折旧费用。

基本生产车间的间接费用归集计入“制造费用”，辅助生产车间的间接费用归集计入“辅助生产成本”，并且当月增加的固定资产，当月不提折旧。

任务实施：

基本生产车间月折旧额＝120 000×1%＝1 200（元）

辅助生产车间月折旧额＝50 000×1%＝500（元）

编制会计分录如下：

借：制造费用	1 200	
辅助生产成本	500	
贷：累计折旧		1 700

折旧费用分配情况见表 7-3。

表 7-3　折旧费用分配表　　单位：元

项　目	生产车间			合　计
	基本生产车间	辅助生产车间	小　计	
折旧费用	1 200	500	1 700	1 700

案例解析

［例 7-4］基本生产车间发生其他支出 6 000 元，辅助生产车间发生其他支出 4 000 元，共计 10 000 元，均通过银行存款结算。请分配相关费用。

任务分析：

根据本题资料，基本生产车间的间接费用归集计入“制造费用”，辅助生产车间的间接费用归集计入“辅助生产成本”。

任务实施：

编制会计分录如下：

借：制造费用　　6 000

　　辅助生产成本　　4 000

　　贷：银行存款　　10 000

其他费用分配情况见表 7-4。

表 7-4　其他费用分配表　　单位：元

项　目	生产车间			合　计
	基本生产车间	辅助生产车间	小　计	
银行存款	6 000	4 000	10 000	10 000

案例解析

［例 7-5］辅助生产车间（机修车间）提供劳务 7 000 小时，其中为基本生产车间提供 6 000 小时，为企业管理部门提供 1 000 小时，辅助生产费用按工时比例计算分配。辅助生产费用明细账见表 7-5。请计算分配相关费用。

任务分析：根据辅助生产费用明细账，按工时比例计算分配辅助生产车间费用。

表 7-5　辅助生产费用明细账

辅助车间：机修车间　　　　2022 年 6 月　　　　单位：元

日期		摘　要	费用明细项目				合　计
月	日		原材料	职工薪酬	折旧费	其他费用	
6	30	根据原材料分配表	5 000				5 000
6	30	根据职工薪酬分配表		8 000			8 000
6	30	根据折旧费用分配表			500		500
6	30	根据其他费用分配表				4 000	4 000
6	30	合　计	5 000	8 000	500	4 000	17 500
6	30	分配结转	5 000	8 000	500	4 000	17 500

任务实施：

辅助生产费用合计＝5 000+8 000+500+4 000＝17 500（元）

辅助生产费用分配率＝17 500÷(6 000+1 000)＝2.5

基本生产车间负担费用＝6 000×2.5＝15 000（元）

管理部门负担费用＝1 000×2.5＝2 500（元）

编制会计分录如下：

借：制造费用　　15 000

　　管理费用　　2 500

　　贷：辅助生产成本　　17 500

辅助生产费用分配情况见表 7-6。

表 7-6 辅助生产费用分配表

<table>
<tr><th rowspan="2">应借科目</th><th rowspan="2">部 门</th><th rowspan="2">辅助生产费用总额（元）</th><th colspan="2">辅助生产费用分配</th><th rowspan="2">辅助生产费用分配金额（元）</th></tr>
<tr><th>生产工时（小时）</th><th>分配率</th></tr>
<tr><td rowspan="2">辅助生产成本</td><td>基本生产车间</td><td rowspan="2">17 500</td><td>6 000</td><td rowspan="2">2.5</td><td>15 000</td></tr>
<tr><td>行政管理部门</td><td>1 000</td><td>2 500</td></tr>
<tr><td colspan="2">合 计</td><td>17 500</td><td>7 000</td><td></td><td>17 500</td></tr>
</table>

案例解析

[例 7-6] 沿用例 7-2 的资料，基本生产车间的制造费用按生产工时比例在甲、乙产品之间予以计算分配。制造费用明细账见表 7-7。请计算分配相关费用。

任务分析：

根据本题资料，将制造费用明细账月末金额汇总，按生产工时比例计算制造费用分配率，并予以分配。

表 7-7 制造费用明细账

基本生产车间　　2022 年 6 月　　单位：元

<table>
<tr><th colspan="2">日 期</th><th rowspan="2">摘 要</th><th colspan="5">费用明细项目</th><th rowspan="2">合 计</th></tr>
<tr><th>月</th><th>日</th><th>原材料</th><th>职工薪酬</th><th>折旧费</th><th>其他费用</th><th>辅助生产费用</th></tr>
<tr><td>6</td><td>30</td><td>根据原材料分配表</td><td>5 000</td><td></td><td></td><td></td><td></td><td>5 000</td></tr>
<tr><td>6</td><td>30</td><td>根据职工薪酬分配表</td><td></td><td>4 000</td><td></td><td></td><td></td><td>4 000</td></tr>
<tr><td>6</td><td>30</td><td>根据折旧费用分配表</td><td></td><td></td><td>1 200</td><td></td><td></td><td>1 200</td></tr>
<tr><td>6</td><td>30</td><td>根据其他费用分配表</td><td></td><td></td><td></td><td>6 000</td><td></td><td>6 000</td></tr>
<tr><td>6</td><td>30</td><td>根据辅助生产费用分配表</td><td></td><td></td><td></td><td></td><td>15 000</td><td>15 000</td></tr>
<tr><td>6</td><td>30</td><td>合 计</td><td>5 000</td><td>4 000</td><td>1 200</td><td>6 000</td><td>15 000</td><td>31 200</td></tr>
<tr><td>6</td><td>30</td><td>分配结转</td><td>5 000</td><td>4 000</td><td>1 200</td><td>6 000</td><td>15 000</td><td>31 200</td></tr>
</table>

任务实施：

制造费用合计＝5 000+4 000+1 200+6 000+15 000＝31 200（元）

制造费用分配率＝31 200÷(5 000+3 000)＝3.9

甲产品负担制造费用＝5 000×3.9＝19 500（元）

乙产品负担制造费用＝3 000×3.9＝11 700（元）

编制会计分录如下：

借：基本生产成本—甲产品　　19 500

　　　　　　　　—乙产品　　11 700

　贷：制造费用　　31 200

制造费用分配情况见表7-8。

表7-8　制造费用分配表

应借科目		制造费用总额（元）	制造费用分配		制造费用分配金额（元）
			生产工时（小时）	分配率	
基本生产成本	甲产品	31 200	5 000	3.9	19 500
	乙产品		3 000		11 700
合　计		31 200	8 000		31 200

任务二　产品成本计算的分批法

一、认识分批法

1. 概念

分批法亦称订单法，是以产品的批别（或订单）为计算对象，归集费用，计算产品成本的一种方法。在分批法下，应按产品批别建立产品明细账，在一批产品尚未全部完工之前，所计入的生产费用均为在产品成本，直到该批产品全部完工后，所累计计入的生产费用即为该批产品的总成本。

分批法的成本计算对象是产品的批别。按批别组织生产，不一定就是按订单组织生产，还要结合企业自身的生产负荷能力来合理组织安排产品生产的批量与批次。

（1）如果一张订单中要求生产好几种产品，为了便于考核分析各种产品的成本计划执行情况，加强生产管理，就要将该订单按照产品的品种划分成几个批别组织生产。

（2）如果一张订单中只要求生产一种产品，但数量极大，超过企业的生产负荷能力，或者购货单位要求分批交货的，也可将该订单分为几个批别组织生产。

（3）如果一张订单中只要求生产一种产品，但该产品属于价值高、生产周期长的大型复杂产品，也可将该订单按产品的结构或组成分为几个批别组织生产。

（4）如果在同一时期接到的几张订单所要求生产的都是同一种产品，为了更经济合理地组织生产，也可将这几张订单合为一批组织生产。

采用分批法计算产品成本的企业，虽然各批产品的成本计算按月归集生产费用，但是只有在该批产品全部完工时才能最终计算确定。由于各批产品的生产复杂程度、对质量和数量的要求及生产周期都不尽相同，因而完工产品的成本计算因各批次的生产周期而异，是不定期的，即其成本计算期与产品生产周期基本一致，而与会计报告期不一致。

2. 适用范围

分批法适用于单件、小批生产类型的企业，主要包括：

（1）船舶制造、重型机械制造以及精密仪器、专用设备生产企业。

（2）服装企业、印刷企业。

（3）新产品的试制、机器设备的修理作业以及辅助生产的工具、器具、模具的制造等。

3. 分类

因采用的间接计入费用的分配方法不同，分批法可分为一般分批法和简化分批法。

采用当月分配率来分配间接计入费用的分批法称为一般分批法。

采用累计分配率来分配间接计入费用的分批法称为简化分批法，也称不分批计算在产品成本的分批法，是一般分批法的简化形式。

二、分批法举例

1. 一般分批法

案例解析

［例 7-7］某企业属单件、小批、多步骤生产企业，设有一个基本生产车间，该企业 2022 年按购货单位要求小批生产 A、B、C 三种产品，三种产品所用原材料均为生产开始时一次性投入，产品成本计算采用分批法（一般分批法）。

该企业 2022 年 4 月投产 A 产品 50 台，批号为 101A，至 6 月全部完工。4 月和 5 月累计发生费用为：直接材料 12 000 元，直接人工 3 200 元，制造费用 5 400 元。6 月发生费用为：直接人工 800 元，制造费用 1 000 元。请计算 101A 产品成本，并编制产品成本明细账。

任务分析：

根据本题资料，期初在产品成本与本月生产费用之和即为完工产品成本。

任务实施：

期初在产品成本 = 12 000+3 200+5 400 = 20 600（元）

本月生产费用合计 = 800+1 000 = 1 800（元）

完工产品成本 = 20 600+1 800 = 22 400（元）

101A 产品成本明细账见表 7-9。

表 7-9　101A 产品成本明细账

批号：101A　　产品名称：A 产品　　投产日期：4 月

购货方：×××　　数量：50 台　　完工日期：6 月

日期		摘要	直接材料	直接人工	制造费用	合计
月	日					
6	1	期初在产品成本	12 000	3 200	5 400	20 600
6	30	根据职工薪酬分配表		800		800
6	30	根据制造费用分配表			1 000	1 000
6	30	生产费用合计	12 000	4 000	6 400	22 400
6	30	完工产品成本	12 000	4 000	6 400	22 400
6	30	完工产品单位成本	240	80	128	448
6	30	转出完工产品成本	12 000	4 000	6 400	22 400

账务处理：

借：库存商品　　22 400

　　贷：基本生产成本—A 产品　　22 400

案例解析

［例 7-8］沿用例 7-7 资料，5 月投产 B 产品 100 台，批号 102B，6 月完工 80 台，未完工 20 台，在产品完工程度为 50%。5 月发生费用为：直接材料 56 000 元，直接人工 16 000 元，制造费用 13 800 元。6 月发生费用：直接人工 11 000 元，制造费用 7 620 元。请计算 102B 产品成本，并编制产品成本明细账。

任务分析：

根据本题资料，102B 批产品本月完工 80 台，尚有 20 台未完工，属于跨月陆续完工，且完工产品数量在该批别产品所占比重较大，生产费用应在完工产品和月末在产品之间进行归集分配。因原材料在产品投产时一次性投入，完工产品和在产品负担的原材料费用相同，按产品数量分配，其余按约当产量比例分配。

任务实施：

（1）计算约当产量

约当产量＝完工产品数量+在产品约当产量

直接材料约当产量＝80+20×100%＝100（台）

直接人工约当产量＝80+20×50%＝90（台）

制造费用约当产量同直接人工约当产量计算方法。

（2）计算完工产品项目单位成本

完工产品单位成本＝生产费用合计÷约当产量

直接材料单位成本＝56 000÷100＝560（元）

直接人工单位成本＝(16 000+11 000)÷90＝300（元）

制造费用单位成本＝(13 800+7 620)÷90＝238（元）

（3）计算完工产品项目成本

完工产品成本＝完工产品数量×完工产品单位成本

直接材料成本＝80×560＝44 800（元）

直接人工成本＝80×300＝24 000（元）

制造费用成本＝80×238＝19 040（元）

（4）计算月末在产品成本

月末在产品成本＝生产费用合计－完工产品成本

直接材料成本＝56 000－44 800＝11 200（元）

直接人工成本＝27 000－24 000＝3 000（元）

制造费用成本＝21 420－19 040＝2 380（元）

102B 产品成本明细账见表 7-10。

表 7-10　102B 产品成本明细账

批号：102B　　产品名称：B 产品　　投产日期：5 月

购货方：×××　　数量：100 台　　完工日期：6 月

日期		摘　要	直接材料	直接人工	制造费用	合　计
月	日					
6	1	期初在产品成本	56 000	16 000	13 800	85 800
6	30	根据职工薪酬分配表		11 000		11 000
6	30	根据制造费用分配表			7 620	7 620
6	30	生产费用合计	56 000	27 000	21 420	104 420
6	30	约当产量	100	90	90	
6	30	完工产品单位成本	560	300	238	1 098
6	30	完工产品成本	44 800	24 000	19 040	87 840
6	30	月末在产品成本	11 200	3 000	2 380	16 580
6	30	转出完工产品成本	44 800	24 000	19 040	87 840

（5）账务处理

借：库存商品　　87 840

　　贷：基本生产成本—B 产品　　87 840

案例解析

［例 7-9］6 月投产的 C 产品 20 件，批号 103C，尚未完工。本月发生费用为：直接材料 16 000 元，直接人工 7 200 元，制造费用 5 600 元。请计算 103C 产品成本，并编制产品成本明细账。

任务分析：

在一批产品尚未全部完工之前，所计入的生产费用均为在产品成本，直到该批产品全部完工后，方可计入产品总成本。

任务实施：

103C 产品成本明细账见表 7-11。

表 7-11　103C 产品成本明细账

批号：103C　　产品名称：C 产品　　投产日期：6 月

购货方：×××　　数量：20 台　　完工日期：尚未完工

日期		摘　要	直接材料	直接人工	制造费用	合　计
月	日					
6	1	期初在产品成本	16 000			16 000
6	30	根据职工薪酬分配表		7 200		7 200
6	30	根据制造费用分配表			5 600	5 600
6	30	合　计	16 000	7 200	5 600	28 800

因 103C 批号 C 产品本月未完工，所发生的费用均计入在产品成本。

2. 简化分批法

在小批、单件生产的企业或车间，如果某一月投产批次很多，且月末完工的批次也很多，若不考虑各批产品是否完工，而将当月发生的间接计入费用全部分配给各批产品，费用的分配核算工作将异常繁重。因此，在这类企业或车间会采用一种简化的分批方法。

在简化分批方法下，按照产品批别设立产品成本计算单，在各批产品完工前，只需按月登记直接计入费用和生产工时。每月发生的间接计入费用，不是按月在各批产品之间进行分配，而是在基本生产成本二级账中按成本项目先累计起来，在产品完工时，才对完工产品按累计工时的比例，分配间接计入费用，计算完工产品成本。而在产品应负担的间接计入费用，则以总数反映在基本生产成本二级账中，不分批计算、分配产品成本。

直接人工累计分配率=直接人工累计额÷累计工时

制造费用累计分配率=制造费用累计额÷累计工时

案例解析

［例 7-10］企业小批生产多种产品，由于产品批次较多，为了简化成本核算工作，采用简化分批法计算企业产品成本。该企业 2022 年 6 月的产品批别为：

101A 产品 50 台，4 月投产，本月完工；

102B 产品 25 台，5 月投产，本月完工；

103C 产品 15 台，5 月投产，本月已完工 5 台，完工产品工时 4 000 小时；

104D 产品 10 台，本月投产，尚未完工。

四种产品所使用原材料均为生产开始时一次性投入。

该企业 6 月初在产品成本资料见表 7-12。

表 7-12　6 月初在产品成本

单位：元

产品批别	累计工时（小时）	直接材料	直接人工	制造费用
101A 产品	21 000	40 000		
102B 产品	10 000	22 000		
103C 产品	9 000	15 000		
累计数	40 000	77 000	30 000	19 000

本月全部四种产品生产工时为 20 000 工时。其中，101A 产品 4 000 小时，102B 产品 8 000 小时，103C 产品 3 000 小时，104D 产品 5 000 小时。本月发生的直接人工 15 000 元，制造费用 11 000 元。104D 产品本月投产，投入原材料费用 25 000 元。请计算各批产品成本，并编制产品成本计算单及填列基本生产成本二级账。

任务分析：

根据本题资料，按照简化分批法计算各批产品成本，并编制产品成本计算单及填列基本生产成本二级账。

任务实施：

（1）计算间接费用分配率

直接人工累计分配率=(30 000+15 000)÷(40 000+20 000)= 0.75

制造费用累计分配率=(19 000+11 000)÷(40 000+20 000)= 0.50

（2）根据间接费用分配率计算完工产品 A、B、C 应负担的直接人工和制造费用

1）完工产品 A 应负担的直接人工=A 产品生产工时×间接费用分配率

=(21 000+4 000)×0.75=18 750（元）

完工产品 A 应负担的制造费用=A 产品生产工时×间接费用分配率

=(21 000+4 000)×0.50=12 500（元）

完工产品 A 总成本=40 000+18 750+12 500=71 250（元）

完工产品 A 单位成本=71 250÷50=1 425（元）

2）完工产品 B 应负担的直接人工=B 产品生产工时×间接费用分配率

=(10 000+8 000)×0.75=13 500（元）

完工产品 B 应负担的制造费用 = B 产品生产工时×间接费用分配率

=(10 000+8 000)×0.50=9 000（元）

完工产品 B 总成本=22 000+13 500+9 000=44 500（元）

完工产品 B 单位成本=44 500÷25=1 780（元）

3）完工产品 C 应负担的直接人工=C 产品生产工时×间接费用分配率

=4 000×0.75=3 000（元）

完工产品 C 应负担的制造费用=C 产品生产工时×间接费用分配率

=4 000×0.50=2 000（元）

完工产品 C 总成本=15 000÷15×5+3 000+2 000=10 000（元）

完工产品 C 单位成本=10 000÷5=2 000（元）

未完工 C 产品成本在基本生产成本二级账中按成本项目予以累计。待产品完工时，对完工产品按累计工时的比例，分配间接计入费用，计算完工产品成本。

（3）根据计算结果编制产品成本计算单（见表 7-13～表 7-16）。

表 7-13　产品成本计算单

产品名称：A 产品　　　　批量：50 台　　　　投产日期：4 月

单位：元　　　　批号：101A　　　　完工日期：6 月

日期		项　目	直接材料	生产工时（小时）	直接人工	制造费用	合　计
月	日						
5	31	月末在产品成本	40 000	21 000			40 000
6	30	本月发生		4 000			
6	30	本月合计	40 000	25 000			
6	30	累计间接费用分配率			0.75	0.50	
6	30	转出完工产品成本	40 000		18 750	12 500	
6	30	完工产品单位成本	800		375	250	1 425

表 7-14　产品成本计算单

产品名称：B 产品　　　　批量：25 台　　　　投产日期：5 月

单位：元　　　　批号：102B　　　　完工日期：6 月

日期		项　目	直接材料	生产工时（小时）	直接人工	制造费用	合　计
月	日						
5	31	月末在产品成本	22 000	10 000			22 000
6	30	本月发生		8 000			

续表

日期		项　目	直接材料	生产工时（小时）	直接人工	制造费用	合　计
月	日						
6	30	本月合计	22 000	18 000			
6	30	累计间接费用分配率			0. 75	0. 50	
6	30	转出完工产品成本	22 000		13 500	9 000	44 500
6	30	完工产品单位成本	880		540	360	1 780

表 7-15　产品成本计算单

产品名称：C 产品　　批量：15 台　　投产日期：5 月

单位：元　　批号：103C　　6 月完工数量：5 台

日期		项　目	直接材料	生产工时（小时）	直接人工	制造费用	合　计
月	日						
5	31	月末在产品成本	15 000	9 000			15 000
6	30	本月发生		3 000			
6	30	本月合计	15 000	12 000			
6	30	累计间接费用分配率			0. 75	0. 50	
6	30	转出完工产品成本	5 000	4 000	3 000	2 000	10 000
6	30	完工产品单位成本	1 000		600	400	2 000
6	30	月末在产品成本	10 000	8 000			

表 7-16　产品成本计算单

产品名称：D 产品　　批量：10 台　　投产日期：6 月

单位：元　　批号：104D　　尚未完工

日期		项　目	直接材料	生产工时（小时）	直接人工	制造费用	合　计
月	日						
6	30	本月发生费用	25 000	5 000			
6	30	本月合计	25 000				

（4）根据产品成本计算单填列基本生产成本二级账（见表 7-17）。

由产品成本计算单计算可知：

转出完工产品累计工时＝25 000+18 000+4 000＝47 000（小时）

表 7-17　基本生产成本二级账（各批产品总成本）

2022 年 6 月　　　　单位：元

日期		摘　要	直接材料	生产工时（小时）	直接人工	制造费用	合　计
月	日						
6	1	月末在产品成本	77 000	40 000	30 000	19 000	126 000
6	30	根据原材料费用分配表	25 000				25 000
6	30	根据职工薪酬分配表		20 000	15 000		15 000
6	30	转入制造费用				11 000	11 000
6	30	累计	102 000	60 000	45 000	30 000	177 000
6	30	累计间接费用分配率			0. 75	0. 50	
6	30	转出完工产品成本	67 000	47 000	35 250	23 500	125 750
6	30	月末在产品成本	35 000	13 000	9 750	6 500	51 250

任务三　产品成本计算的分步法

一、认识分步法

1. 概念

产品成本计算的分步法，是以产品生产步骤和产品品种为成本计算对象，归集和分配生产费用，计算产品成本的一种方法。其特点是：在多步骤生产中，最后一个步骤生产的产品才是产成品，其他各个步骤生产的都属于半成品。采用分步法时，如果企业只生产一种产品，则成本计算对象就是该种产品各个生产步骤的成本，要设立各生产步骤的成本明细账，分别按照各生产步骤归集生产费用。

在大量大批的多步骤生产中，由于生产过程较长，可以间断，且往往都是跨月陆续完工，因此成本计算一般都是按月定期进行。由此可见，分步法的成本计算期与会计报告期一致，而与产品的生产周期不一致。

2. 适用范围

分步法适用于多步骤的大量大批生产企业，包括连续式多步骤生产企业和装配式多步骤生产企业，如纺织、造纸、家用电器等企业。

3. 分类

与其他成本计算方法不同，分步法在各生产步骤成本的计算和结转时可采用两种不同的方法：逐步结转分步法和平行结转分步法。

二、分步法举例

1. 逐步结转分步法

逐步结转分步法是按照产品的生产步骤逐步计算结转半成品成本，最后计算出产成品成本的一种分步法。

按照结转的半成品成本在下一步骤产品成本明细账中的反映方式不同，逐步结转分步法又可分为综合结转分步法和分项结转分步法两种。

（1）综合结转分步法

综合结转分步法是将各生产步骤所耗用的上一步骤的半成品成本，以其合计数综合计入下一步骤的产品成本计算单中的“半成品”或“原材料”成本项目中。

案例解析

[例 7-11] 某企业 2022 年 3 月生产乙产品，经过三个生产步骤顺序加工，第一步骤生产的半成品直接被第二步骤领用，第二步骤生产的半成品直接被第三步骤领用，并将其加工成产成品。原材料在开始生产时一次性投入，在产品按约当产量法计算。各步骤费用资料、产量分别见表 7-18、表 7-19。

表 7-18　各步骤费用资料表　　单位：元

成本项目	第一步骤		第二步骤		第三步骤	
	月初在产品成本	本月发生费用	月初在产品成本	本月发生费用	月初在产品成本	本月发生费用
直接材料	3 000	10 000	4 500		4 100	
直接人工	2 000	4 000	1 500	5 500	2 500	6 000
制造费用	1 000	1 500	1 200	1 600	1 300	1 700
合　计	6 000	15 500	7 200	7 100	7 900	7 700

表 7-19　各步骤产量记录　　单位：件

项　目	第一步骤	第二步骤	第三步骤
月初在产品	100	200	150
本月投产（或上月转入）	500	480	580
本月产成品	480	580	700
月末在产品	120	100	30
在产品完工程度（%）	50	50	50

根据以上资料，采用综合结转分步法计算产品成本，并编制产品成本计算单。

任务分析：

本题中生产乙产品，经过三个生产步骤顺序加工，采用综合结转分步法计算产品成本。

任务实施：

(1) 第一步骤

直接材料分配率=(3 000+10 000)÷(480+120×100%)≈21.67

直接人工分配率=(2 000+4 000)÷(480+120×50%)≈11.11

制造费用分配率=(1 000+1 500)÷(480+120×50%)≈4.63

直接材料完工半成品成本=480×21.67=10 402（元）

直接人工完工半成品成本=480×11.11=5 333（元）

制造费用完工半成品成本=480×4.63=2 222（元）

直接材料月末在产品成本=120×21.67=2 600（元）

直接人工在产品的约当产量=120×50%=60（件）

直接人工月末在产品成本=60×11.11=667（元）

本题中涉及除不尽的问题，需要保留小数，因此计算会有误差，最后一步制造费用的在产品成本计算应采用倒挤计算的方法。

制造费用月末在产品成本=(6 000+15 500)−(10 402+5 333+2 222)−2 600−667=276（元）

第一步骤产品成本计算单见表7-20。

表7-20　产品成本计算单

2022年3月

生产步骤：第一步骤

产品名称：乙半成品　　产量：480件　　单位：元

成本项目	月初在产品成本	本月发生费用	费用合计	费用分配率	完工半成品成本（480件）	月末在产品成本（120件）
直接材料	3 000	10 000	13 000	21.67	10 402	2 600
直接人工	2 000	4 000	6 000	11.11	5 333	667
制造费用	1 000	1 500	2 500	4.63	2 222	276
合　计	6 000	15 500	21 500		17 957	3 543

（2）第二步骤

直接材料分配率=(17 957+4 500)÷(580+100×100%)≈33.03

直接人工分配率=(1 500+5 500)÷(580+100×50%)≈11.11

制造费用分配率=(1 200+1 600)÷(580+100×50%)≈4.44

直接材料完工半成品成本=580×33.03=19 157（元）

直接人工完工半成品成本=580×11.11=6 444（元）

制造费用完工半成品成本=580×4.44=2 575（元）

直接材料月末在产品成本=100×33.03=3 303（元）

直接人工在产品的约当产量=100×50%=50（件）

直接人工月末在产品成本=50×11.11=556（元）

本题中涉及除不尽的问题，需要保留小数，因此计算会有误差，最后一步制造费用的在产品成本计算应采用倒挤计算的方法。

制造费用月末在产品成本=(7 200+7 100+17 957)−(19 157+6 444+2 575)−3 303−556=222（元）

第二步骤产品成本计算单见表 7-21。

表 7-21　产品成本计算单

2022 年 3 月

生产步骤：第二步骤

产品名称：乙半成品　　　　产量：580 件　　　　单位：元

成本项目	月初在产品成本	本月发生费用	费用合计	费用分配率	完工半成品成本（580 件）	月末在产品成本（100 件）
直接材料	4 500	17 957	22 457	33.03	19 157	3 303
直接人工	1 500	5 500	7 000	11.11	6 444	556
制造费用	1 200	1 600	2 800	4.44	2 575	222
合　计	7 200	25 057	32 257		28 176	4 081

（3）第三步骤

直接材料分配率=(28 176+4 100)÷(700+30×100%)≈44.21

直接人工分配率=(2 500+6 000)÷(700+30×50%)≈11.89

制造费用分配率=(1 300+1 700)÷(700+30×50%)≈4.20

直接材料完工半成品成本=700×44.21=30 947（元）

直接人工完工半成品成本=700×11.89=8 323（元）

制造费用完工半成品成本=700×4.20=2 940（元）

直接材料月末在产品成本 = 30×44.21 = 1 326（元）

直接人工在产品的约当产量 = 30×50% = 15（件）

直接人工月末在产品成本 = 15×11.89 = 178（元）

本题中涉及除不尽的问题，需要保留小数，因此计算会有误差，最后一步制造费用的在产品成本计算应采用倒挤计算的方法。

制造费用月末在产品成本 =（7 900+7 700+28 176）-（30 947+8 323+2 940）-1 326-178 = 62（元）

第三步骤产品成本计算见表 7-22。

表 7-22　产品成本计算单

2022 年 3 月

生产步骤：第三步骤

产品名称：乙产成品　　产量：700 件　　单位：元

成本项目	月初在产品成本	本月发生费用	费用合计	费用分配率	完工产品成本（700 件）	月末在产品成本（30 件）
直接材料	4 100	28 176	32 276	44.21	30 947	1 326
直接人工	2 500	6 000	8 500	11.89	8 323	178
制造费用	1 300	1 700	3 000	4.20	2 940	62
合　计	7 900	35 876	43 776		42 210	1 566

编制月末产品成本计算单，见表 7-23。

表 7-23　产品成本计算单

2022 年 3 月

产品名称：乙产品　　产量：700 件　　单位：元

成本项目	总成本	单位成本
半成品	30 947	44.21
直接人工	8 323	11.89
制造费用	2 940	4.20
合　计	42 210	60.30

将乙产品 700 件，总计 42 210 元，结转入库：

借：库存商品—乙产品　　42 210

　　贷：基本生产成本　　42 210

为了弥补在成本核算中综合结转分步法不能反映完工产品成本构成的原始项目的矛盾，要进行成本还原。

成本还原，就是将产成品耗用各步骤半成品的综合成本，逐步分解还原为原来的成本项目。成本还原的方法是从最后步骤开始，将其耗用上一步骤半成品的综合成本逐步分解，还原为“直接材料”“直接人工”“制造费用”等。

成本还原的方法一般有两种：

1）按半成品各成本项目占全部成本的比重还原

还原分配率=上一步骤完工半成品各成本项目的金额÷上一步骤完工半成品成本之和

还原后各成本项目金额=半成品成本项目×还原分配率

例如，对例7-11的资料计算出来的乙产品成本进行还原，见表7-24。

表7-24　成本还原计算表一

单位：元

成本项目	还原前成本	第二步骤半成品成本	还原分配率（%）	还原分配额	第一步骤半成品成本	还原分配率（%）	还原分配额	还原后成本
栏目	1	2	3	4	5	6	7	8
直接材料（半成品）	30 947	19 157	67.99	21 041	10 402	57.93	12 189	12 189
直接人工	8 323	6 444	22.87	7 078	5 333	29.70	6 249	21 650
制造费用	2 940	2 575	9.14	2 828	2 222	12.37	2 603	8 371
合　计	42 210	28 176	100	30 947	17 957	100	21 041	42 210

半成品还原分配率=19 157÷28 176≈67.99%

直接人工还原分配率=6 444÷28 176≈22.87%

制造费用还原分配率=2 575÷28 176≈9.14%

直接材料还原分配额=30 947×67.99%=21 041（元）

直接人工还原分配额=30 947×22.87%=7 078（元）

制造费用还原分配额=30 947−21 041−7 078=2 828（元）

半成品还原分配率=10 402÷17 957≈57.93%

直接人工还原分配率=5 333÷17 957≈29.70%

制造费用还原分配率=2 222÷17 957≈12.37%

直接材料还原分配额=21 041×57.93%=12 189（元）

直接人工还原分配额=21 041×29.70%=6 249（元）

制造费用还原分配额=21 041×12.37%=2 603（元）

还原后的产品总成本＝12 189＋（8 323＋7 078＋6 249）＋（2 940＋2 828＋2 603）＝42 210（元）

2）按所耗半成品综合成本占完工半成品总成本的比重还原

还原分配率＝还原前半成品成本÷上一步骤本月半成品成本之和

还原后各成本项目金额＝本月生产半成品成本中各成本项目金额×还原分配率

仍对例 7－11 的资料计算出来的乙产品成本进行还原，见表 7－25。

表 7－25　成本还原计算表二　　单位：元

成本项目	还原前成本	第二步骤半成品成本	还原分配率（%）	还原分配额	第一步骤半成品成本	还原分配率（%）	还原分配额	还原后成本
栏　目	1	2	3	4	5	6	7	8
直接材料（半成品）	30 947	19 157	30 947÷28 176＝1. 098 346 1	21 041	10 402	21 041÷17 957＝1. 171 743 6	12 188	12 188
直接人工	8 323	6 444		7 078	5 333		6 249	21 650
制造费用	2 940	2 575		2 828	2 222		2 604	8 372
合　计	42 210	28 176		30 947	17 957		21 041	42 210

（2）分项结转分步法

分项结转分步法是将上一步骤的半成品成本分项转入下一步骤成本计算单，因此应计算各生产步骤半成品成本和最后步骤的产成品成本。

案例解析

［例 7－12］沿用例 7－11 的资料，按分项结转分步法计算，填制第一、第二、第三步骤产品成本计算单，计算相关成本。

任务分析：

本题中给出乙产品分三步骤生产，按照要求采用分项结转分步法进行计算。

任务实施：

（1）第一步骤

直接材料分配率＝（3 000＋10 000）÷（480＋120×100%）≈21. 67

直接人工分配率＝（2 000＋4 000）÷（480＋120×50%）≈11. 11

制造费用分配率＝（1 000＋1 500）÷（480＋120×50%）≈4. 63

直接材料完工半成品成本=480×21.67=10 402（元）

直接人工完工半成品成本=480×11.11=5 333（元）

制造费用完工半成品成本=480×4.63=2 222（元）

直接材料月末在产品成本=120×21.67=2 600（元）

直接人工在产品的约当产量=120×50%=60（件）

直接人工月末在产品成本=60×11.11=667（元）

本题中涉及除不尽的问题，需要保留小数，因此计算会有误差，最后一步制造费用的在产品成本计算应采用倒挤计算的方法。

制造费用月末在产品成本=(6 000+15 500)-(10 402+5 333+2 222)-2 600-667=276（元）

第一步骤产品成本计算单见表7-26。

表7-26　产品成本计算单

2022年3月

生产步骤：第一步骤

产品名称：乙半成品　　　　产量：480件　　　　单位：元

成本项目	月初在产品成本	本月发生费用	费用合计	费用分配率	完工半成品成本（480件）	月末在产品成本（120件）
直接材料	3 000	10 000	13 000	21.67	10 402	2 600
直接人工	2 000	4 000	6 000	11.11	5 333	667
制造费用	1 000	1 500	2 500	4.63	2 222	276
合　计	6 000	15 500	21 500		17 957	3 543

（2）第二步骤

直接材料分配率=(10 402+4 500)÷(580+100×100%)≈21.91

直接人工分配率=(1 500+5 500+5 333)÷(580+100×50%)≈19.58

制造费用分配率=(1 200+1 600+2 222)÷(580+100×50%)≈7.97

直接材料完工半成品成本=580×21.91=12 708（元）

直接人工完工半成品成本=580×19.58=11 356（元）

制造费用完工半成品成本=580×7.97=4 623（元）

直接材料月末在产品成本=100×21.91=2 191（元）

直接人工在产品的约当产量=100×50%=50（件）

直接人工月末在产品成本=50×19.58=979（元）

本题中涉及除不尽的问题，需要保留小数，因此计算会有误差，最后一步制造费用的在产品成本计算应采用倒挤计算的方法。

制造费用月末在产品成本=(7 200+7 100+17 957)-(12 708+11 356+4 623)-2 191-979=400（元）

第二步骤产品成本计算单见表7-27。

表7-27　产品成本计算单

2022年3月

生产步骤：第二步骤

产品名称：乙半成品　　　　产量：580件　　　　单位：元

成本项目	月初在产品成本	本月本步骤发生费用	耗用上一步骤半成品成本	费用合计	费用分配率	完工半成品成本（580件）	月末在产品成本（100件）
直接材料	4 500		10 402	14 902	21.91	12 708	2 191
直接人工	1 500	5 500	5 333	12 333	19.58	11 356	979
制造费用	1 200	1 600	2 222	5 022	7.97	4 623	400
合　计	7 200	7 100	17 957	32 257		28 687	3 570

（3）第三步骤

直接材料分配率=(4 100+12 708)÷(700+30×100%)≈23.02

直接人工分配率=(2 500+6 000+11 356)÷(700+30×50%)≈27.77

制造费用分配率=(1 300+1 700+4 623)÷(700+30×50%)≈10.66

直接材料完工半成品成本=700×23.02=16 114（元）

直接人工完工半成品成本=700×27.77=19 439（元）

制造费用完工半成品成本=700×10.66=7 462（元）

直接材料月末在产品成本=30×23.02=691（元）

直接人工在产品的约当产量=30×50%=15（件）

直接人工月末在产品成本=15×27.77=417（元）

本题中涉及除不尽的问题，需要保留小数，因此计算会有误差，最后一步制造费用的在产品成本计算应采用倒挤计算的方法。

制造费用月末在产品成本=(7 900+7 700+28 687)-(16 114+19 439+7 462)-691-417=164（元）

第三步骤产品成本计算单见表 7-28。

表 7-28　产品成本计算单

2022 年 3 月

生产步骤：第三步骤

产品名称：乙产成品　　　　产量：700 件　　　　单位：元

成本项目	月初在产品成本	本月本步骤发生费用	耗用上步骤半成品成本	费用合计	费用分配率	完工半成品（700 件）	月末在产品（30 件）
直接材料	4 100		12 708	16 808	23. 02	16 114	691
直接人工	2 500	6 000	11 356	19 856	27. 77	19 439	417
制造费用	1 300	1 700	4 623	7 623	10. 66	7 462	164
合　计	7 900	7 700	28 687	44 287		43 015	1 272

产品成本计算单见表 7-29。

表 7-29　产品成本计算单

2022 年 3 月

产品名称：乙产品　　　　产量：700 件　　　　单位：元

成本项目	总成本	单位成本
直接材料	16 114	23. 02
直接人工	19 439	27. 77
制造费用	7 462	10. 66
合　计	43 015	61. 45

2. 平行结转分步法

平行结转分步法也称不计算半成品成本分步法。采用该种方法计算产品成本时既不计算各步骤所产半成品的成本，也不计算各步骤所耗用上一生产步骤的半成品成本，只计算本步骤发生的各项生产费用以及这些费用中应计入产成品成本的份额，然后将各生产步骤应计入同一产成品的份额平行结转、汇总，即可计算出该种产品的产成品成本。

平行结转的关键在于合理地计算产成品，生产费用在完工产品与在产品之间的分配采用定额比例法，其中直接材料费用按定额直接材料费用比例分配，其他各项费用均按定额工时比例分配。

月末在产品定额直接材料费用=月初在产品直接材料定额费用+本月投入产品的直接材料定额费用-本月完工产品的直接材料定额费用

月末在产品定额工时=月初在产品定额工时+本月投入产品的定额工时-本月完工产

品的定额工时

案例解析

[例 7-13] 某企业的甲产品分别由两个车间连续加工制成。其中，第一车间完工的是半成品，第二车间将半成品加工成甲产品。

第一车间月初直接材料 58 800 元、直接人工 52 000 元、制造费用 44 000 元，共计 154 800 元；本月发生直接材料 312 000 元、直接人工 380 400 元、制造费用 287 200 元，共计 979 600 元。

第二车间月初直接人工 43 000 元、制造费用 32 000 元，共计 75 000 元；本月发生直接人工 185 000 元、制造费用 184 000 元，共计 369 000 元。甲产品定额资料见表 7-30。

请计算相关成本。

表 7-30　甲产品定额资料

项　目	月初在产品		本月投入		本月完工产品		
	定额材料费用	定额工时	定额材料费用	定额工时	产量	定额材料费用	定额工时
第一车间	60 000	6 000	300 000	40 000	1 000	300 000	40 000
第二车间		4 000		20 000			20 000
合　计	60 000	10 000	300 000	60 000	1 000	300 000	60 000

任务分析：

根据甲产品的定额资料、各种生产费用分配表和产成品交库单，登记第一车间、第二车间的产品成本明细账户。按平行结转分步法计算产成品成本。

根据本题资料，相应第一车间直接材料定额费用和定额工时为：

月末在产品定额直接材料费用＝60 000+300 000−300 000＝60 000（元）

月末在产品定额工时＝6 000+40 000−40 000＝6 000（小时）

任务实施：

（1）计算费用分配率

直接材料分配率＝(58 800+312 000)÷(300 000+60 000)＝1. 03

直接人工分配率＝(52 000+380 400)÷(40 000+6 000)＝9. 4

制造费用分配率=(44 000+287 200)÷(40 000+6 000)=7.2

(2) 根据费用分配率计算第一车间各项费用成本

第一车间直接材料=300 000×1.03=309 000（元）

月末在产品直接材料=60 000×1.03=61 800（元）

第一车间直接人工=40 000×9.4=376 000（元）

月末在产品直接人工=6 000×9.4=56 400（元）

第一车间制造费用=40 000×7.2=288 000（元）

月末在产品制造费用=6 000×7.2=43 200（元）

登记第一车间产品成本明细账户，见表7-31。

表7-31　产品成本明细账

车间：第一车间　　　　产品：甲产品

摘　要	产量（件）	直接材料		直接人工	制造费用	成本合计
		定额	实际			
月初在产品		60 000	58 800	52 000	44 000	154 800
本月生产费用		300 000	312 000	380 400	287 200	979 600
合　计		360 000	370 800	432 400	331 200	1 134 400
费用分配率			1.03	9.4	7.2	
计入产成品份额	1 000	300 000	309 000	376 000	288 000	973 000
月末在产品		60 000	61 800	56 400	43 200	161 400

(3) 运用上述方法计算第二车间费用成本，登记第二车间产品成本明细账户，见表7-32。

表7-32　产品成本明细账

车间：第二车间　　　　产品：甲产品

摘　要	产量（件）	直接材料		定额工时	直接人工	制造费用	成本合计
		定额	实际				
月初在产品				4 000	43 000	32 000	75 000
本月生产费用				20 000	185 000	184 000	369 000
合　计				24 000	228 000	216 000	444 000
费用分配率					9.5	9	

续表

摘 要	产量（件）	直接材料		定额工时	直接人工	制造费用	成本合计
		定额	实际				
计入产成品份额	1 000			20 000	190 000	180 000	370 000
月末在产品				4 000	38 000	36 000	74 000

（4）根据产品成本明细账中相关资料，填列甲产品成本汇总表（见表 7-33）。

表 7-33 甲产品成本汇总表

2022 年 3 月

摘 要	产量（件）	直接材料	直接人工	制造费用	成本合计
第一车间成本份额	1 000	309 000	376 000	288 000	973 000
第二车间成本份额	1 000		190 000	180 000	370 000
合 计		309 000	566 000	468 000	1 343 000
单位成本		309	566	468	1 343

在上例中，对生产费用在完工产品与广义在产品之间的分配，所采用的是定额比例法。而在实际工作中往往更多的是采用约当产量法。

直接材料分配率=（月初费用+本月投入费用）÷（产成品数量+期末在产品数量）

直接人工分配率=（月初费用+本月投入费用）÷（产成品数量+期末广义在产品数量）

下面举例说明在平行结转分步法下，采用约当产量法将生产费用在完工产品与广义在产品之间进行分配的计算过程。

案例解析

［例 7-14］甲产品生产分两个步骤进行，第一生产步骤将原材料加工成半成品，第二生产步骤将第一生产步骤生产的半成品加工成产成品。原材料在生产开始时一次性投入。

要求：采用平行结转分步法计算甲产品成本。月末在产品采用约当产量法计算，甲产品的相关资料见表7-34。

表7-34 甲产品实物量及在产品完工程度表

产品名称：甲产品 单位：台

项　目	第一生产步骤	第二生产步骤
月初在产品结存	200	300
本月投入或转入	1 000	1 100
本月完工转出	1 000	1 000
月末在产品结存	200	400
完工程度	50%	50%

各步骤月初在产品成本及本月生产费用资料见表7-35、表7-36。

表7-35 月初在产品成本表

产品名称：甲产品 单位：元

项　目	直接材料	直接人工	制造费用	合　计
第一生产步骤	300 000	160 000	240 000	
第二生产步骤		96 000	106 000	

表7-36 本月生产费用表

产品名称：甲产品 单位：元

项　目	直接材料	直接人工	制造费用	合　计
第一生产步骤	660 000	290 000	300 000	
第二生产步骤		270 000	290 000	

任务分析：

根据上述资料，按平行结转分步法将生产费用在完工产品与广义在产品之间进行分配。制造费用分配同直接人工分配计算方法。

任务实施：

（1）计算第一生产步骤费用分配率及分配额

1）直接材料分配率＝(300 000+660 000)÷[1 000+(200+400)]＝600

应计入产成品份额＝1 000×600＝600 000（元）

月末在产品成本＝600×600＝360 000（元）

2）直接人工费用分配率＝(160 000+290 000)÷[1 000+(200×50%+400)]＝300

应计入产成品份额＝1 000×300＝300 000（元）

月末在产品成本＝500×300＝150 000（元）

3）制造费用分配率＝(240 000+300 000)÷[1 000+(200×50%+400)]＝360

应计入产成品份额＝1 000×360＝360 000（元）

月末在产品成本＝500×360＝180 000（元）

（2）计算第二生产步骤费用分配率及分配额

1）直接人工费用分配率＝(96 000+270 000)÷(1 000+400×50%)＝305

应计入产成品份额＝1 000×305＝305 000（元）

月末在产品成本＝200×305＝61 000（元）

2）制造费用分配率＝(106 000+290 000)÷(1 000+400×50%)＝330

应计入产成品份额＝1 000×330＝330 000（元）

月末在产品成本＝200×330＝66 000（元）

（3）根据上述资料及计算结果登记各生产步骤产品成本明细账（见表7-37、表7-38）。

表7-37　产品成本明细账

第一生产步骤　　单位：元

项　目	直接材料	直接人工	制造费用	合　计
期初在产品成本	300 000	160 000	240 000	700 000
本月生产费用	660 000	290 000	300 000	1 250 000
合　计	960 000	450 000	540 000	1 950 000
应计入产成品份额	600 000	300 000	360 000	1 260 000
月末在产品成本	360 000	150 000	180 000	690 000

表 7-38　产品成本明细账

第二生产步骤　　　　单位：元

项　目	直接人工	制造费用	合　计
期初在产品成本	96 000	106 000	202 000
本月生产费用	270 000	290 000	560 000
合　计	366 000	396 000	762 000
应计入产成品份额	305 000	330 000	635 000
月末在产品成本	61 000	66 000	127 000

（4）根据第一生产步骤及第二生产步骤的产品成本明细账汇总计算并编制平行登记甲产成品成本汇总表（见表 7-39）。

表 7-39　产成品成本汇总表

产品名称：甲产品　　　　产量：1 000 台　　　　单位：元

项　目	直接材料	直接人工	制造费用	合　计
第一生产步骤成本份额	600 000	300 000	360 000	1 260 000
第二生产步骤成本份额	—	305 000	330 000	635 000
产成品总成本	600 000	605 000	690 000	1 895 000
单位成本	600	605	690	1 895

项目小结

本项目阐述了产品成本计算的三种基本方法。通过本项目的学习，要求学生理解产品成本计算的三种基本方法，在任务资料下能够熟练掌握产品成本的归集与分配，并做出相应账务处理。

本项目的重点是产品成本计算的三种基本方法，难点是在不同背景任务资料下熟练运用各种方法对所涉及的各项成本予以计算和归集。

思考与练习

1. 简述品种法的适用范围。
2. 简述分批法的适用范围。
3. 简述分批法的分类。
4. 简述分步法的适用范围。
5. 简述平行结转分步法的特点。

项目八
产品成本计算的辅助方法

学习目标

知识目标

1. 掌握分类法、联产品、副产品和定额法的概念。
2. 理解分类法和定额法的适用范围。

能力目标

1. 能够用分类法对产品成本进行计算和账务处理。
2. 能够对联产品、副产品进行计算和账务处理。
3. 能够用定额法对产品成本进行计算和账务处理。

思维导图

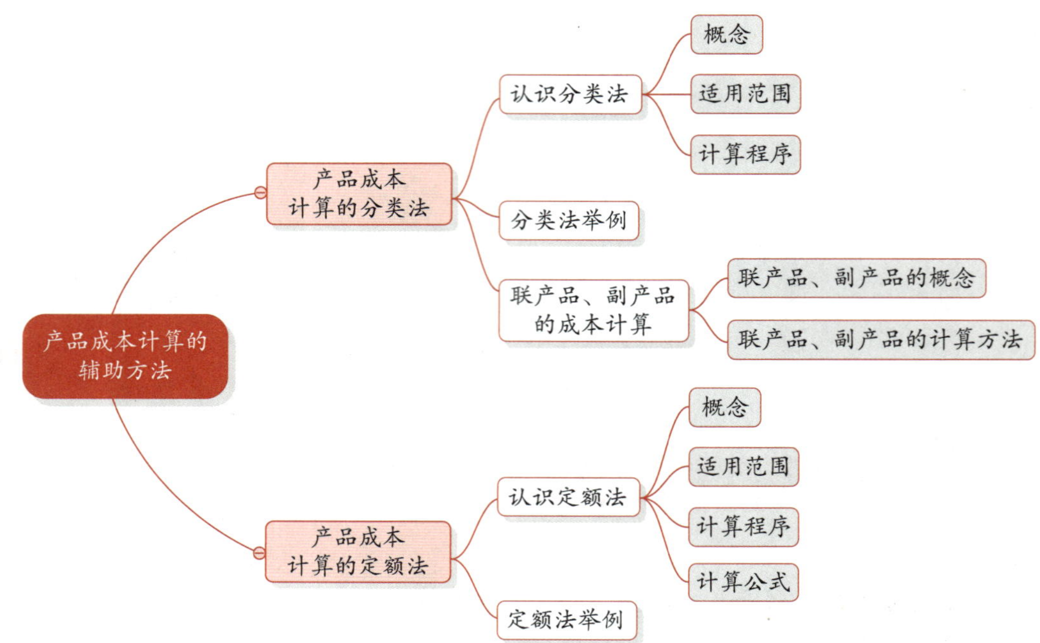
产品成本计算的辅助方法
产品成本计算的分类法
认识分类法
概念
适用范围
计算程序
分类法举例
联产品、副产品的成本计算
联产品、副产品的概念
联产品、副产品的计算方法
产品成本计算的定额法
认识定额法
概念
适用范围
计算程序
计算公式
定额法举例

任务一　产品成本计算的分类法

一、认识分类法

1. 概念

分类法是按照产品的类别归集生产费用，计算各类产品总成本，再按照一定标准分配计算类别内各种产品成本的一种成本计算方法。

2. 适用范围

（1）联产品生产企业。这类企业，特别是化工企业，在生产过程中对同一原料进行加工，可以同时生产出几种主要产品。

（2）采用同样原材料、同样工艺过程，而生产出不同规格产品的生产企业。如食品企业、服装企业、电子元器件生产企业等。

（3）副产品的生产企业。其方法是将主、副产品归为一类计算成本，然后将副产品按一定方法计价，从总成本中扣除，求得主产品成本。如炼油厂在提炼原油过程中，生产出来的沥青原料和油渣，都属于副产品。

（4）除主要产品以外的一些零星产品生产，例如为协作企业生产少量的零部件，或自制少量材料和工具等。

3. 计算程序

（1）合理划分产品的类别，按产品类别设立产品成本明细账。在分类法下，应将产品按照性质、结构、用途、生产工艺过程、耗用原材料的不同，划分为若干类别。

（2）在各类产品成本明细账内，根据企业生产特点和管理要求，采用相应的成本计算基本方法（如品种法、分批法或分步法），按类归集产品的生产费用，计算各类产品的完工产品总成本和在产品成本。

（3）计算出类别产品的总成本后，再采用适当的分配方法，在类别内不同品种或规格的产品之间进行分配，计算出各种产品的总成本和单位成本。分配方法的选择应根据各类产品的实际情况和管理要求确定。

二、分类法举例

相关计算公式如下：

单位产品系数=该种产品的分配标准÷标准产品分配标准

某种产品总系数=该种产品的实际产量×该产品单位产品系数

费用分配率=该类别完工产品的总成本（分成本项目）÷各种产品总系数之和

某种产品应分配的成本=该种产品总系数×费用分配率

案例解析

［例 8-1］某企业按分类法进行核算，月末计算出各类产品的实际总成本，其中甲类产品的成本及有关资料见表 8-1 和表 8-2，该类产品以各种产品的售价作为分配标准。请计算甲类产品成本。

表 8-1　分类产品成本计算单

产品类别：甲类　　2022 年 1 月　　单位：元

项　目	直接材料	直接人工	制造费用	合　计
月初在产品	200	100	400	700
本月生产费用	20 000	500	1 500	22 000
合　计	20 200	600	1 900	22 700
月末在产品成本	2 200	200	1 000	3 400
本月完工产品成本	18 000	400	900	19 300

表 8-2　分类产品成本资料表

产品类别	规格（厘米）	本期实际产量（件）	单位售价（元）
甲类	9	100	15
	10	200	20（标准产品）
	11	300	24

任务分析：

本题应采用分类法计算产品成本。其计算分配的程序是：第一，计算单位产品的系数；第二，计算某种产品的总系数；第三，计算费用分配率；第四，计算各种产品应分配的成本；第五，计算各种产品总成本；第六，填制规格产品成本计算表。

任务实施：

根据以上条件，甲类产品成本的分配如下：

（1）计算单位产品的系数

10 厘米产品为标准产品，系数为 1，则：

9 厘米产品的系数 = 15÷20 = 0.75

11 厘米产品的系数 = 24÷20 = 1.2

(2) 计算某种产品的总系数

9 厘米产品的总系数：100×0.75 = 75

10 厘米产品的总系数：200×1 = 200

11 厘米产品的总系数：300×1.2 = 360

全部产品总系数 = 75+200+360 = 635

(3) 计算费用分配率

费用分配率 = 19 300÷635≈30.393 7

(4) 计算各种产品应分配的成本

9 厘米产品的成本：75×30.393 7≈2 279.53（元）

10 厘米产品的成本：200×30.393 7 = 6 078.74（元）

11 厘米产品的成本：360×30.393 7≈10 941.73（元）

各种产品总成本为：19 300 元

以上分配结果见表 8-3。

表 8-3 规格产品成本计算表

类别：甲类　　　　2022 年 1 月　　　　单位：元

产品规格	产量（件）	折合系数	总系数	完工产品总成本	费用分配率	各规格产品总成本	单位成本
9 厘米	100	0.75	75	19 300	30.393 7	2 279.53	22.80
10 厘米	200	1	200			6 078.74	30.39
11 厘米	300	1.2	360			10 941.73	36.47
合　计			635	19 300	30.393 7	19 300	

三、联产品、副产品的成本计算

1. 联产品、副产品的概念

联产品是指企业利用相同的原材料，在同一生产过程中，同时生产出的几种使用价值不同，但具有同等地位的主要产品。比如，炼油企业在原油加工过程中提炼出的各种汽油、煤油、柴油等，都属于联产品。

副产品是指企业在生产产品的过程中，附带生产出的一些非主要产品。如洗煤生产中生产出的煤泥，制皂生产中生产出的甘油等副产品。主、副产品之间的成本划分，也非常适宜采用分类法。还有生产零星产品的企业，由于零星产品的品种、规格繁多，数

量少，费用比重小，即使所耗原材料和工艺过程不一定完全相近，为了简化工作，这些零星产品也可采用分类法计算成本。

2. 联产品、副产品的计算方法

（1）联产品的计算方法

联产品是使用同样的原材料，在同一生产过程中生产出来的各种产品，因此无法按每种产品来归集费用，直接计算其成本，而只能将同一生产过程的联产品，视为同类产品，采用分类法计算其分离前的实际成本，然后采用一定的分配标准，在各联产品之间分配成本。

一般将主、副产品作为一大类产品，采用分类法来归集生产费用，计算出全部主、副产品的联合成本，然后将联合成本在各种主、副产品之间进行分配。但由于副产品价值较低，占全部产品成本的比重较小，为了简化核算工作，可以采用简便的计算方法，先确定出副产品的成本，然后从发生的联合成本中扣除副产品成本即可求得主要产品的成本。

联产品的分配方法有很多，一般常用的有系数分配法、实物量分配法、相对销售价值分配法等。

系数分配法是将各种联产品的实际产量按事前规定的系数折合成相对产量，然后将联合成本按照各种联产品的相对产量的比例进行分配，以求得各种联产品成本的方法。

实物量分配法是将联合成本直接按各种联产品的产量、重量、体积等比例进行分配，以求得各种联产品成本的方法。

相对销售价值分配法是对联合成本按各种联产品的售价比例进行分配，以求得各种联产品成本的方法。这种方法是按照售价高的联产品应当相应负担较高的成本这一原理而产生的。

（2）副产品的计算方法

副产品成本的计算方法有不计算副产品扣除成本法、副产品成本按固定价格或计划价格计算法、副产品只负担继续加工成本法、联合成本在主副产品之间分配法、副产品扣除法等。

如果副产品与主产品分离以后，还需要进一步加工才能形成市场所需的产品，企业应根据副产品进一步加工生产的特点和管理要求，采用适当的方法单独计算副产品的成本。

实物量分配法计算公式如下：

联合成本分配率=联合成本÷各种联产品实物量之和

应分配的联合成本=该种联产品实物量×联合成本分配率

副产品作价扣除法计算公式如下：

副产品成本=售价-(继续加工成本+销售费用+销售税金+合理的利润)

主要产品成本=联合成本-副产品成本

案例解析

[例 8-2] 某公司生产甲产品和乙产品，甲产品和乙产品是联产品。1 月发生加工费用 90 000 元。甲产品完工产品为 2 000 个、乙产品完工产品为 1 000 个。请采用实物量法分配联合成本。

任务分析：

本题中甲、乙两种产品是联产品，要求采用实物量法分配联合成本。其计算分配的程序是：第一，计算联合成本分配率；第二，计算甲、乙两种产品成本；第三，进行账务处理。

任务实施：

联合成本分配率=90 000÷(2 000+1 000)=30

甲产品成本=2 000×30=60 000（元）

乙产品成本=1 000×30=30 000（元）

账务处理：

借：库存商品—甲产品　　60 000

　　　　　　—乙产品　　30 000

　　贷：生产成本—基本生产成本　　90 000

案例解析

[例 8-3] 某公司生产 A 产品过程中，附带生产 B 产品。3 月发生联合成本 1 100 元。生产 A 产品 20 吨，生产 B 产品 7 吨，B 产品单位售价 10 元/吨。假定该公司按预先规定的副产品售价确定副产品成本。请计算 A、B 产品分离时的成本。

任务分析：

本题中生产 A 产品过程中，附带生产 B 产品，该公司按预先规定的副产品售价确定副产品成本。应采用副产品作价扣除法计算成本。其计算分配的程序是：第一，计算 A、B 产品分离时的成本；第二，进行账务处理。

任务实施：

B 产品成本 = 7×10 = 70（元）

A 产品成本 = 1 100−70 = 1 030（元）

财务处理：

借：库存商品—A 产品　　1 030

　　　　　—B 副产品　　70

　贷：生产成本—基本生产成本　　1 100

案例解析

［例 8-4］某公司生产 A 产品过程中，附带生产 B 产品。4 月发生联合成本：直接材料 550 元，直接人工 350 元，制造费用 200 元。B 产品继续加工，加工费用 5 元。生产 A 产品 20 吨，生产 B 产品 7 吨。B 产品单位售价 10 元/吨，销售税金及利润为 2 元/吨。请计算 A、B 产品分离时的成本。

任务分析：

本题中生产 A 产品过程中，附带生产 B 产品，B 产品单位售价 10 元/吨，销售税金及利润为 2 元/吨。应采用副产品作价扣除法计算成本。其计算分配的程序是：第一，计算 A、B 产品分离时的成本；第二，进行账务处理。

任务实施：

B 产品成本 = 10×7−10×2−5 = 45（元）

A 产品成本 =（550+350+200）−45 = 1 055（元）

账务处理：

借：库存商品—A 产品　　1 055

　　　　　—B 副产品　　45

　贷：生产成本—基本生产成本　　1 100

任务二　产品成本计算的定额法

一、认识定额法

1. 概念

产品成本计算的定额法是以产品定额成本为基础，通过加减脱离定额的差异和定额变动差异来计算产品实际成本的一种成本计算方法。

2. 适用范围

定额法适用于企业的定额管理制度比较健全，定额管理工作基础较好，或产品的生产已经定型，消耗定额比较准确、稳定的情况。

3. 计算程序

（1）制定产品定额成本。

（2）按成本计算对象设置产品成本明细账，成本项目设多个专栏，专栏内设置小栏。

（3）在定额成本修订的当月，应调整月初在产品的定额成本，计算月初定额变动差异。

（4）核算脱离定额差异。在生产费用发生时，按成本项目将符合定额的费用和脱离定额的差异分别核算，并予以汇总。

（5）在本月完工产品和月末在产品之间分配成本差异。

（6）计算本月完工产品的实际总成本和单位成本。

产品实际成本＝定额成本±脱离定额差异±定额变动差异±材料成本差异

4. 计算公式

（1）定额成本的计算

单位定额成本的计算公式如下：

单位产品直接材料定额成本＝产品原材料消耗定额×原材料计划单价

单位产品直接人工定额成本＝产品生产工时定额×生产工人工资计划单价

单位产品制造费用定额成本＝产品工时消耗定额×制造费用的计划单价

（2）脱离定额差异的计算

脱离定额差异是指实际生产费用与定额成本的差异，超支与节约分别表现为正、负差异。通过对脱离定额差异的核算和分析，可以对生产费用支出进行事中控制，及时反映和考核生产费用的节约或浪费，有利于加强成本管理和寻找降低成本的途径。

二、定额法举例

1. 原材料脱离定额差异

原材料脱离定额差异是指原材料消耗数量差异与原材料计划单价的乘积。原材料消

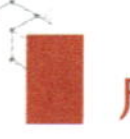

耗数量差异是指原材料实际消耗量与定额消耗量的差异。用公式表示为：

原材料消耗数量差异=原材料实际消耗量-原材料定额消耗量

原材料脱离定额的差异=原材料消耗数量差异×原材料计划单价

=(原材料实际消耗量-原材料定额消耗量)×原材料计划单价

=原材料计划价格费用-原材料定额费用

原材料脱离定额差异应分批或定期进行计算，并按照成本计算对象汇总。

案例解析

[例 8-5] 某企业生产甲产品，该产品限额领料单中规定的产品数量为 180 件，每件产品材料消耗定额为 3 千克，材料计划单价 5 元/千克，本月投产 180 件，实际领料 800 千克。假定期初期末无余料，该月甲产品原材料脱离定额差异为多少？

任务分析：

按照要求计算甲产品原材料脱离定额差异。其计算程序是：第一，计算原材料定额耗用量；第二，计算原材料脱离定额的差异。

任务实施：

原材料定额耗用量=180×3=540（千克）

原材料脱离定额的差异=(800-540)×5=1 300（元）

2. 直接人工脱离定额差异的核算

造成直接人工脱离定额差异是由于采用工资制度不同而形成差别。在采用计件工资制度下，在计件工资以外所支付的工资均属于工资的脱离定额差异。在采用计时工资制度下，由于实际工资总额要到月末才能确定，因此，工资脱离定额差异不能随时按产品直接计算时可采用以下公式：

某产品生产工资脱离定额的差异=该产品实际生产工资-该产品定额生产工资

=该产品实际生产工时×实际小时工资率-该产品实际完成的定额生产工时×计划小时工资率

其中，实际小时工资率=该车间实际生产工人工资总额÷该车间实际生产工时总额

计划小时工资率=某车间计划产量的定额生产工人工资总额÷该车间计划产量的定额生产工时

案例解析

［例 8-6］沿用例 8-5 的资料，该企业在生产甲产品过程中，采用计时工资。月末车间计划产量的定额生产工人工资总额为 3 600 元，计划产量的定额生产工时为 900 小时，实际生产工人工资总额为 3 400 元，实际生产工时总额为 1 000 小时，请计算直接人工脱离定额差异，编制直接人工费用定额和脱离定额差异汇总表。

任务分析：

按照要求计算直接人工脱离定额差异。其计算程序是：第一，计算实际小时工资率；第二，计算计划小时工资率；第三，计算甲产品生产工资脱离定额的差异。

任务实施：

实际小时工资率＝3 400÷1 000＝3.4

计划小时工资率＝3 600÷900＝4

甲产品生产工资脱离定额的差异＝3 400−3 600＝−200（元）

编制直接人工费用定额和脱离定额差异汇总表，见表 8-4。

表 8-4　直接人工费用定额和脱离定额差异汇总表

产品名称	投产量（件）	单位工时定额（小时/件）	定额成本			实际成本			脱离定额差异（元）
			定额工时（小时）	计划小时工资率	定额工资（元）	实际工时（小时）	实际小时工资率	实际工资（元）	
甲产品	180	5	900	4	3 600	1 000	3.4	3 400	−200

3. 制造费用脱离定额差异的计算

制造费用属于间接计入费用，在日常核算中不能按照产品直接核算脱离定额的差异，而只能按照月份的费用计划，按照费用发生的车间、部门和费用的项目计算脱离定额的差异，据以控制和监督费用的发生。月末确定实际制造费用总额后，可以比照计时工资制度下直接人工费用的计算公式确定。

案例解析

［例 8-7］沿用例 8-6 的资料，定额制造费用 1 800 元，实际制造费用 2 200 元，请计算该企业制造费用定额和脱离定额差异。

任务分析：

按照要求计算制造费用定额和脱离定额差异。其计算程序是：第一，计算实际小时工资率；第二，计算计划小时工资率；第三，计算甲产品制造费用脱离定额的差异。

任务实施：

实际小时费用率=2 200÷1 000=2.2

计划小时费用率=1 800÷900=2

甲产品制造费用脱离定额的差异=2 200−1 800=400（元）

编制制造费用定额和脱离定额差异汇总表，见表8-5。

表8-5　制造费用定额和脱离定额差异汇总表

产品名称	投产量（件）	单位工时定额（小时/件）	定额成本			实际成本			脱离定额差异（元）
			定额工时（小时）	计划小时费用率	定额制造费用（元）	实际工时（小时）	实际小时费用率	实际制造费用（元）	
甲产品	180	5	900	2	1 800	1 000	2.2	2 200	400

4. 材料成本差异的分配

在定额法下，为了便于对产品成本的考核和分析，材料日常核算必须按计划成本进行。前述原材料定额费用和脱离定额差异都是按原材料的计划单位成本计算的。因此在月末计算产品的实际材料费用时，还必须计算应该分配负担的材料成本差异。计算公式如下：

某产品应分配的材料成本差异额=（该产品材料定额成本±材料脱离定额差异）×材料成本差异率

案例解析

［例8-8］沿用例8-5的资料，该企业甲产品所耗材料成本差异率为−2%，请计算甲产品应分配的材料成本差异额。

任务分析：

根据前例资料直接计算甲产品应分配的材料成本差异额。

任务实施：

甲产品应分配的材料成本差异额=（540×5+1 300）×−2%=−80（元）

5. 定额变动差异的核算

计算公式如下：

定额变动系数=按新定额计算的单位产品定额费用÷按旧定额计算的单位产品定额费用

月初在产品定额变动差异=按旧定额计算的月初在产品成本×（1-定额变动系数）

案例解析

［例 8-9］假设某公司生产的产品从 2022 年 10 月起修订原材料消耗定额，单位产品旧的材料费用定额为 50 元，新的材料费用定额为 48.8 元，上月末在产品的原材料定额费用为 20 000 元，请计算月初在产品定额变动差异。

任务分析：

按照要求计算月初在产品定额变动差异。其计算程序是：第一，计算定额变动系数；第二，计算月初在产品定额变动差异。

任务实施：

定额变动系数=48.8÷50=0.98

月初在产品定额变动差异=20 000×(1-0.98)=400（元）

6. 完工产品实际成本的计算

从以上的计算中可以看出，采用定额法计算成本的企业，在修订定额的月份产品实际成本的构成为：

产品实际成本=产品定额成本±脱离现行定额差异+材料成本差异±月初在产品定额变动差异

项目小结

本项目阐述了分类法、联产品、副产品和定额法的基本内容。通过本项目的学习，要求学生掌握分类法、联产品、副产品和定额法的概念，分类法和定额法的适用范围和账务处理。

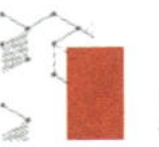

思考与练习

1. 什么是分类法？它的特点是什么？
2. 简述分类法的成本计算程序。
3. 什么是联产品？什么是副产品？
4. 产品的定额成本如何计算？
5. 什么是定额变动差异？它与脱离定额差异有何不同？

项目九
成本报表与成本分析

学习目标

知识目标

1. 理解成本报表的概念、作用及种类。
2. 了解成本报表的编制要求。
3. 理解成本分析的重要意义和作用。

能力目标

1. 能够理解成本报表的编制方法。
2. 能够理解成本分析的一般程序及成本报表的分析方法。

思维导图

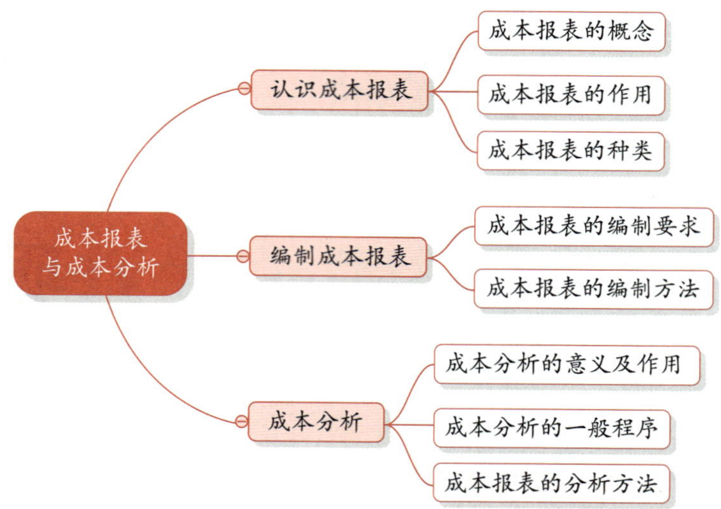
成本报表
与成本分析
认识成本报表
成本报表的概念
成本报表的作用
成本报表的种类
编制成本报表
成本报表的编制要求
成本报表的编制方法
成本分析
成本分析的意义及作用
成本分析的一般程序
成本报表的分析方法

任务一　认识成本报表

一、成本报表的概念

成本报表是按照企业成本管理的需要，根据产品成本和期间费用的核算资料以及其他有关资料编制而成的，反映企业一定时期的产品成本和期间费用的构成及其增减变动情况的报告文件。成本报表可用于考核产品成本与期间费用的执行结果，是会计报表体系的重要组成部分。编制和分析成本报表是成本会计工作的一项重要内容。

成本报表属于企业内部报表，它的编制主要是为了满足企业管理层、各部门及岗位责任人对成本信息的需求。因此成本报表在报表的种类、指标的设计以及报送的对象等方面具有很强的针对性和灵活性。

二、成本报表的作用

1. 为企业制订成本计划提供依据

产品成本作为反映企业生产经营各方面工作质量的一项综合指标，通过成本报表资料的对比和分析，可以直观地发现在生产技术、组织及管理上存在的问题，进而为企业制订正确的成本计划提供必要依据。

2. 便于企业进行高质量的成本管理

通过成本报表的分析，可以揭示影响产品成本指标和费用项目变动的原因，从技术、组织和经营管理等各个方面挖掘和动员节约费用支出、降低产品成本的潜力，提高企业的经济效益。

3. 便于企业及时进行决策

成本报表提供的实际产品成本和费用支出的资料，是企业进行成本、利润的预测与决策，编制产品成本报表计划和各项费用计划，制定产品价格，进行投资决策等的重要依据。

4. 评价和考核企业成本管理的受托履行情况

通过成本报表分析便于相关主管机构（主要是对国有企业而言）评价或评估企业的成本管理效果。通过阅读和分析成本报表，可以了解企业的成本管理绩效，从而对企业管理层在成本管理方面的绩效进行评价，从成本管理的角度评价其对受托责任的履行情况，评估企业产品成本核算的合理性、可靠性等。

三、成本报表的种类

成本报表按其反映的内容可分为以下几种：

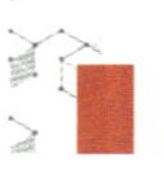

1. 反映产品成本情况的报表

这类报表主要反映企业生产一定种类和数量产品所支出的生产费用的水平及其构成情况，并与计划水平、上年实际水平、历史最好水平或同行业（或同类产品）先进水平相比较，反映产品成本的变动情况及变动趋势。

2. 反映各项费用支出的报表

这类报表主要反映企业一定时期内各种费用总额及其构成情况，并与计划（预算）水平、上年实际水平对比，反映各种费用支出的变动情况和变动趋势。此类成本报表包括制造费用成本报表、销售费用报表、管理费用报表和财务费用报表。

3. 反映特殊目的的成本报表

除了上述两种一般性成本报表外，还有出于特殊目的编制的成本报表，如企业为提高产品质量管理效果而编制的质量成本报表，为提高环境成本管理效果而编制的环境成本报表等。

任务二 编制成本报表

一、成本报表的编制要求

成本报表，有的反映本期产品的实际成本，有的反映本期经营管理费用的实际发生额，还有的反映实际成本或实际费用的累计数等。为了考核和分析成本计划的执行情况，还需要反映有关的计划数和其他补充资料。

为了提高成本信息的质量，充分发挥成本报表的作用，成本报表的编制应符合以下基本要求：

1. 真实性

真实性是指成本报表的数据资料必须真实可靠，如实地反映企业实际发生的成本和费用。

2. 重要性

重要性是指对于重要的项目（如重要的成本、费用项目），在成本报表中应单独列示。

3. 准确性

准确性是指成本报表的数据填列要符合成本报表的编制要求，进而保证成本报表的计算结果准确。

4. 相关性

相关性是指各种成本报表之间、主表与附表之间、各项目之间，数据资料应相互一

致，本期报表与上期报表之间有关的数据资料应相互衔接。

5. 完整性

完整性是指编制的各种成本报表必须齐全；应填列的数据和文字说明必须全面；表内项目和表外补充资料不论是根据账簿资料直接填列的，还是分析计算填列的，都应当准确无误，不得随意取舍。

6. 及时性

及时性是指按规定日期报送成本报表。保证成本报表的及时性，是为了便于各方面分析和利用成本报表，充分发挥成本报表的应有作用。

成本报表中的实际成本、费用应根据有关的产品成本或费用明细账的实际发生额填列。表中的累计实际成本、费用，应根据本期报表的本期实际成本、费用加上上期报表的累计实际成本、费用计算填列；如果有关的明细账中记有期末累计实际成本、费用，可以直接根据有关的明细账相应数据填列。

成本报表中的计划数，应根据有关的计划填列；表中其他资料和补充资料应按报表编制要求填列。

二、成本报表的编制方法

1. 产品生产成本报表的编制

按照编制角度的不同可分为按产品种类编制的产品生产成本报表和按成本项目编制的产品生产成本报表。

（1）按产品种类编制的产品生产成本报表，是按产品种类汇总反映企业在报告期内生产的全部产品的单位成本和总成本的报表（见表 9-1）。

表 9-1　某企业产品生产成本报表（按产品种类编制）

2021 年 12 月

产品名称	单位	本年计划	实际产量	本月总成本	本年累计总成本
A 产品	件	1 000	1 050	26 200	320 000
B 产品	件	400	420	18 500	210 000
可比产品合计					
C 产品	件	100	110	9 800	124 000
D 产品	件	80	100	12 600	152 000

（2）按成本项目编制的产品生产成本报表，是按成本项目汇总反映企业在报告期内发生的全部生产费用以及产品生产成本合计数的报表（见表 9-2）。

表 9-2 某企业产品生产成本报表（按成本项目编制）

2021 年 12 月

项　目	上年实际	本年计划数	本月实际数	本年累计实际数
直接材料	208 000	220 000	19 000	209 000
直接人工	132 000	124 000	10 500	120 000
制造费用	143 000	138 000	12 000	132 000
生产成本合计	483 000	482 000	41 500	461 000
加：在产品、自制半成品期初余额	208 000	126 000	28 600	28 600
减：在产品、自制半成品期末余额	400 000	347 000	28 600	28 600
产品生产成本合计	291 000	261 000	41 500	461 000

2. 主要产品单位成本报表的编制

主要产品单位成本报表是反映企业在报告期内生产的各种主要产品单位成本构成情况的会计报表。通过该表可以考核各种主要产品单位成本计划的执行结果，分析各成本项目及各种消耗定额的变动情况，以便在生产同种产品的企业之间进行成本对比。主要产品单位成本报表按规定成本项目设置（一般包括原材料、燃料和动力、职工薪酬、车间经费和企业管理费等），并列示主要产品不同时期，包括“历史先进水平”“上年实际平均”“本年计划”“本月实际”“本年累计实际平均”的单位成本及其构成情况（见表 9-3）。

表 9-3 主要产品单位成本报表

2021 年 12 月

产品名称：××产品　　　　单位：元

成本项目	历史先进水平	上年实际平均	本年计划	本月实际	本年累计实际平均
直接材料	610	630	620	625	626
直接人工	130	136	140	133	135
制造费用	220	234	230	232	234
产品单位成本	990	1 040	1 025	1 023	1 031
主要技术经济指标					
原材料	32	37	35	33	34
燃料和动力	20	26	24	21	23

3. 各种费用报表的编制

各种费用报表是指企业在生产经营过程中，各个车间、部门为进行生产、组织管理生产经营活动所发生的制造费用、销售费用、管理费用及财务费用。第一种属于产品成本的组成部分，其余均属于期间费用。

编制上述四种费用报表的目的在于反映各项费用的计划与执行情况，分析各种费用的变动原因以及对产品成本和当期损益的影响。

（1）制造费用成本表（见表 9-4）

表 9-4　某企业 2021 年 12 月制造费用成本表

项　目	本年计划数	本月实际数	上年同期实际数
职工薪酬	280 000	23 000	24 000
物料消耗	42 000	3 600	3 650
办公费	20 000	1 800	1 900
水　费	4 000	500	400
电　费	35 000	2 200	2 400
折旧费	38 000	3 200	3 500
运输费	26 000	2 100	2 300
其　他	20 000	1 800	1 900
合　计	465 000	38 200	40 050

（2）销售费用成本表（见表 9-5）

表 9-5　某企业 2021 年 12 月销售费用成本表

项　目	本年计划数	本月实际数	上年同期实际数
职工薪酬	160 000	13 000	14 000
业务费	70 000	6 000	6 500
折旧费	40 000	3 500	3 800
包装费	32 000	2 800	3 000
装卸费	24 000	2 100	2 200
运输费	38 000	3 100	3 250
保险费	20 000	1 800	1 900
广告费	50 000	4 000	4 200
展览费	44 000	3 800	3 920
产品质量保证费	22 000	1 900	2 000
其　他	30 000	2 800	3 000
合　计	530 000	44 800	47 770

销售费用成本表按项目分别反映销售费用的本年计划数、本月实际数及上年同期实际数。其中，本年计划数根据本年销售费用计划填列，本月实际数根据销售费用明细账的本月合计数填列，上年同期实际数按上年同期销售费用明细表的当月实际数填列。

（3）管理费用成本表（见表9-6）

表9-6　某企业2021年12月管理费用成本表

项　目	本年计划数	本月实际数	上年同期实际数
职工薪酬	320 000	27 000	28 600
办公费	80 000	7 200	7 400
差旅费	35 000	2 100	2 300
修理费	72 000	4 100	4 340
折旧费	42 000	3 550	3 700
会议费	50 000	4 200	4 420
物料消耗	38 000	3 200	3 330
业务招待费	40 000	3 100	3 600
业务咨询费	60 000	5 100	5 300
聘请中介机构费	38 000	3 200	3 460
其　他	41 000	3 500	3 720
合　计	816 000	66 250	70 170

管理费用成本表按项目分别反映各项管理费用的本年计划数、本月实际数及上年同期实际数。其中，本年计划数根据企业行政管理部门的本年管理费用计划填列，本月实际数按管理费用明细账的本月合计数填列，上年同期实际数按上年同期管理费用明细表的当月实际数填列。

（4）财务费用成本表（见表9-7）

表9-7　某企业2021年12月财务费用成本表

项　目	本年计划数	本月实际数	上年同期实际数
利息支出（减利息收益）	21 000	1 800	1 900
汇兑损失（减汇兑收益）	5 000	420	450
金融机构手续费	2 000	200	150
其　他	1 500	130	140
合　计	29 500	2 550	2 640

财务费用成本表按项目分别反映各项财务费用的本年计划数、本月实际数及上年同期实际数。其中，本年计划数按本年财务费用计划填列，本月实际数按财务费用明细账

的本月合计数填列，上年同期实际数按上年同期财务费用明细表的当月实际数填列。

任务三　成本分析

一、成本分析的意义及作用

成本分析是企业成本管理的重要环节，是挖掘成本降低潜力、改善企业管理的重要工具。通过成本分析，可以考核企业成本计划的执行情况，评价企业过去的成本管理工作；可以揭示问题和差距，促使企业积极挖潜，寻求降低成本的途径和方法；可以认识和掌握成本变动规律，从中总结成本管理的经验和教训，提高企业经营管理的水平。

二、成本分析的一般程序

成本分析一般遵循以下程序：

1. 明确分析目标、要求和范围。
2. 收集与成本分析相关的资料。
3. 结合企业的实际情况，分析变动因素，采取有效措施，解决问题。
4. 客观评价企业成本管理工作，编制成本分析报告。

三、成本报表的分析方法

1. 比较分析法

比较分析法又称对比分析法，是通过实际成本指标与不同时期的指标对比，揭示差异，分析差异产生原因的一种方法。

在对比分析中，可采取实际指标与计划指标对比，本期实际与上期（或上年同期、历史最好水平）实际指标对比。通过对比分析，了解企业成本的升降情况及其发展趋势，总结经验，找出差距，提出进一步改进的措施。

在采用对比分析时，应注意本期实际指标与比较指标的可比性，使比较结果更能说明问题，揭示的差异更符合实际。若两者不可比，则可能使分析的结果不准确，甚至可能得出与实际情况完全不同的结论。

在采用比较分析法时，可采取绝对数对比、增减差额对比、相对数对比、指数对比等多种形式。例如去年产品单位成本为 100 元，今年单位成本为 90 元，今年比去年降低了 10 元，降低 10%。

2. 因素分析法

因素分析法是将某一综合性指标分解为若干个相互关联的因素，分析测定这些因素对综合性指标差异额的影响程度的一种分析方法。根据分析特点不同，因素分析法可分为连环替代法和差额分析法。

(1) 连环替代法

连环替代法也称连锁置换法。它是确定引起某项经济指标变动的各个因素的影响程度的一种计算方法，是用来计算几个相互联系的因素对综合指标变动影响程度的一种分析方法。

(2) 差额分析法

差额分析法也称差额计算法，是连环替代法的简化形式。它利用各个因素的目标值与实际值的差额来评价其对成本的影响程度。差额分析法计算简便，应用比较广泛，特别是在影响因素只有两个时更为适用。

3. 比率分析法

比率法分析是指用两个以上指标的比例进行分析的方法。它的特点是：先把比较分析的数值变成相对数，再观察其相互之间的关系。常用的比率分析法有以下几种：

(1) 相关比率法

由于项目经济活动的各个方面是相互联系，相互依存，又相互影响的，因而可以将两个性质不同而又相关的指标加以对比，求出比率，并以此来考查经营成果的好坏。这种方法称为相关比率法。

(2) 构成比率法

构成比率法又称比重分析法或结构对比分析法。通过构成比率，可以考查成本总量的构成情况及各成本项目占成本总量的比重，从而为寻求降低成本的途径指明方向。

(3) 动态比率法

动态比率法是将同类指标不同时期的数值进行对比，求出比率，以分析该项指标的发展方向和发展速度。动态比率的计算，通常采用基期指数和环比指数两种方法。

4. 趋势分析法

趋势分析法是将连续数年的有关项目按金额或选用某一年为基期进行比较，计算趋势百分比，以揭示财务状况和经营成果的变化和发展趋势。

除此之外，还可以根据分析的目的和要求，采用分组法、指数法、图表法等其他分析方法。

公司的经营状况受多方面因素变化的影响，只从某一时期或某一时点上很难完整地分析公司财务状况的发展规律和趋势，而必须把若干数据按时期或时点的先后顺序予以整理，并计算出它的发展速度、增长速度、平均发展速度和平均增长速度等，才能探索它的发展规律和发展趋势。

项目小结

本项目阐述了成本报表的概念、作用、种类和成本报表的编制，以及成本分析的作

用、成本报表的分析方法等。通过本项目的学习，要求学生理解成本报表的概念、作用及种类；掌握成本报表的编制要求及编制方法，理解成本分析的重要意义和作用、成本分析的一般程序及成本报表的分析方法。

本项目的重点是成本报表的编制要求及编制方法，难点是成本报表的编制及运用。

思考与练习

1. 简述成本报表的种类。
2. 简述成本报表的作用。
3. 成本报表的编制包含哪些报表?
4. 简述成本分析的意义及作用。
5. 简述成本分析的一般程序。